Peter A. Machac
Maßvoll
Margot und Günter Steinberg –
Ein Leben mit Bibel und Bier

Peter A. Machac

Maßvoll

Margot und Günter Steinberg –
Ein Leben mit Bibel und Bier

SCM Hänssler

SCM

Stiftung Christliche Medien

Bestell-Nr. 394.998
ISBN 978-3-7751-4998-3

© Copyright der deutschen Ausgabe 2010 by
SCM Hänssler im SCM-Verlag GmbH & Co. KG · 71088 Holzgerlingen
Internet: www.scm-haenssler.de
E-Mail: info@scm-haenssler.de
Umschlaggestaltung: Photoshop.Bob
Titelbild: Privat
Satz: Satz & Medien Wieser, Stolberg
Druck und Bindung: CPI – Ebner & Spiegel, Ulm
Printed in Germany

Inhalt

Vorwort

Freundschaft ist Liebe mit Verstand.

»Ist es einem Freund erlaubt, über zwei Menschen zu berichten, mit denen ihn eine langjährige, enge und aufrichtige Freundschaft verbindet? Einem Freund, der die wechselhaften Lebensgeschichten zweier Familien – der Jahns und der Steinbergs –, die beruflichen und privaten Höhen und Tiefen, die feierlichen und fröhlichen Feste, die freudigen und leidvollen Stunden, Geburt und Tod, miterlebt hat?«

Diese essenziellen Fragen haben mich lange beschäftigt. Immer wieder habe ich das Für und Wider abgewogen, habe die Balance zwischen Wissen, Diskretion, Wahrheit, Respekt und Bewunderung gesucht. Und bin letztendlich mit einem überzeugten »Ja« an dieses Buch gegangen.

Es ist bewusst keine Biografie mit exakt chronologischen Abläufen, wenn auch sehr viel Lebensgeschichte erzählt wird. Es ist vielmehr die ganz persönliche Wegbeschreibung zweier Menschen, die sich in Liebe kennengelernt, geheiratet und eine Familie gegründet haben, die von beruflichem und gesellschaftlichem Erfolg verwöhnt in der Mitte ihres Lebens in eine beinahe aussichtslose Beziehungskrise geschlittert sind.

Die Geschichte beginnt mit Zeitrafferbildern der Erinnerung und schildert die Suche nach dem Sinn des Lebens – einer langen, hartnäckigen Suche mit Hoffnungen, Enttäuschungen und Zweifeln. Im Wiederentdecken der Bibel und der Auslegung ihrer christlichen Werte hat diese Suche – auch durch das Aufarbeiten von Altlasten – eine völlig neue Lebensform im Miteinander und Füreinander gefunden.

Dieses Buch kann und will keine Anleitung zur Lösung ähnlicher Probleme geschätzter Leserinnen und Leser sein. Es mag aber Anstoß geben, vielleicht doch einmal in misslichen Lebenssituationen einen Blick in die Bibel zu werfen – wenn schon nicht daheim, da nicht vorhanden, dann vielleicht während einer Reise in das in Ihrem Hotelzimmer ausgelegte Bibelexemplar. Darüber hinaus steht es Ihnen frei, einen der in diesem Buch angesprochenen christlichen Kreise aus purer Neugier zu kontaktieren.

»Der Glaube versetzt Berge, der Zweifel erklettert sie« – in diesem Sinne erwartet Sie, geschätzte Leserin, geschätzter Leser, die Lebensabschnittsgeschichte zweier Menschen, die keinerlei Anrecht auf Einmaligkeit erhebt – im Gegenteil.

Der Autor im Mai 2010

Hofbräuzelt –
Letzter Wiesn-Sonntag

Hei, bayerisches Bier, ein guter Schluck
sollt mir gar köstlich munden!
(Ludwig Uhland – deutscher Dichter)

Günter Steinberg – Rundgang

Geschafft! Wir haben es wieder einmal geschafft! Die Wiesn
im Hofbräuzelt ist gelaufen. Margot, unsere Kinder Ricky und
Silja und ich haben uns mit Händedruck und dem aktuellen
HB-Festkrug als kleines Andenken von den gut 350 Mitarbeiterinnen und Mitarbeitern verabschiedet, haben uns herzlich
bedankt für sechzehn Tage engagierte Mitarbeit, für die Be-
wältigung so mancher Stresssituation und für die Treue, die
wir immer wieder mit großer Freude spüren. Ich hab noch die
eine oder andere Stimme im Ohr: »Also, ich freu' mich schon
heut' aufs nächste Jahr, denn die Wiesn im Hofbräuzelt gehört ganz einfach zu meinem Leben!« oder »Das war das letzte Mal, ich kann wirklich nicht mehr! So viele Jahre bin ich
dabei gewesen, es war immer wunderschön, aber einmal
muss Schluss sein!«.
   Natürlich weiß ich ganz genau, dass viele, für die es heuer
das letzte Mal gewesen sein soll, bereits zu Weihnachten
schreiben, ob sie nächstes Jahr wieder dabei sein dürfen.
   Diese große Verbundenheit macht uns dankbar und stolz,
aber auch immer wieder deutlich, wie viel Verantwortung wir
übernehmen.

Mit solchen Gedanken geh' ich noch ein letztes Mal durch das große und bis auf ein paar wenige Arbeiter leere Zelt. Die vielen Hopfenreben aus der Holledau haben längst ihre Frische und ihren Duft verloren, der Aloisius, der wohl berühmteste Münchner im Himmel, schwebt einsam über der Zeltmitte und scheint mir verschmitzt mit den Worten seines Erfinders Ludwig Thoma zuzuflüstern, dass die Bayerische Staatsregierung auch in diesem Jahr vergeblich auf die göttlichen Eingebungen gewartet hat. Sein Stammplatz ist ja im Hofbräuhaus, aber immer zur Wiesn wacht er als weiß-blauer Schutzengel und urbayerischer Grantler in unserem Hofbräuzelthimmel über das bierselige Getümmel.

Alle Jahre wieder am Ende des Oktoberfestes steig ich am letzten Wiesn-Sonntag über all die menschlichen Hinterlassenschaften, über Zigarettenkippen und leere Schachteln, über Papierservietten und Brez'nbröckerln, über kleine Bierlachen und Glasscherben von zerbrochenen Maßkrügen. Werden es wieder so viele sein wie letztes Jahr, wieder rund 55.000 Maßkrüge, die fehlen? Gut ein Drittel wird zur Beute der Souvenirjäger, zwei Drittel gehen stimmungsbedingt kaputt beim allzu heftigen Anstoßen und Zuprosten oder aber auch bei der einen und anderen heftigen schlagkräftigen Auseinandersetzung. Sollte man gar nicht glauben, aber 55.000 Maßkrüge schlagen in der Endabrechnung ganz schön zu Buche.

Was hat mich da heute doch ein Fernsehreporter gefragt? Welche Gäste mir am liebsten sind? Einem g'standenen Wiesnwirt könnte so eine Frage gar nicht erst einfallen, denn jedem von uns, meinen Kollegen und mir, sind schlicht und einfach die Gäste am liebsten, die sich anständig aufführen und passend gekleidet sind, am besten natürlich in Dirndln und Lederhosen. Alles andere ist egal, ob weiß, schwarz, rot oder gelb, ob evangelisch oder katholisch, ob Angehöriger einer anderen Glaubensgemeinschaft oder Atheist, ob und wie politisch gefärbt oder nicht. Ich freue mich über das ganz normale Publikum aus aller Welt.

Selbstverständlich sind uns auch prominente Gäste herzlich willkommen. So ist es uns immer eine große Freude und Ehre, wenn der ehemalige bayerische Ministerpräsident Dr. Edmund Stoiber mit seiner charmanten Frau Karin bei uns vorbeischaut. Das macht er schon seit Jahren, schon in seiner aktiven Zeit. Manchmal sind auch seine Kinder mit ihren Familien dabei. Und jedes Mal, wenn wir uns begegnen, läuft ein gleichbleibendes Zeremoniell ab, um es mit dem Butler aus dem legendären Silvestereinakter »Dinner for one« auf den Punkt zu bringen: »The same procedure as every year.« Da sagt der Stoiber bei der Begrüßung zu mir: »Du bist ja gar kein richtiger Wirt! Du hast ja keinen Bauch!« Und ich antworte dann immer dem asketischen Edmund Stoiber: »Wenn ich an deine Vorgänger denk, hast du auch nicht grad die Idealfigur von einem traditionellen bayerischen Ministerpräsidenten!« Ein bisschen Spaß muss sein.

Apropos – damit komm ich zu einem anderen unserer Stammpromis. Es war an einem Wiesnwochenende, da schob sich plötzlich mit Gekreische eine dichte Menschentraube durch den Eingang in Richtung Wirtebox. Mittendrin umringt von unseren Securityleuten Roberto Blanco. Endlich konnte er sich nach vielem Autogrammschreiben Luft verschaffen und in unsere Box flüchten. Aber dann ging es erst richtig los, als sich die Kunde vom Eintreffen des Schlagerstars wie ein Lauffeuer im Zelt verbreitet hatte. Die Fans skandierten: »Roberto Blanco, bitte sing! Roberto Blanco, bitte sing! Ein bisschen Spaß muss sein ... ein bisschen Spaß muss sein!« Das ist sein Megahit, dafür ist der Roberto immer zu haben. Und nachdem er einen kräftigen Schluck von seiner Maß getrunken hatte, ging er auf unser Musikpodium und stellte sich vor unsere Wiesnkapelle ans Mikrofon. Er hatte sich etwas ganz Besonderes ausgedacht. Also, die Kapelle spielte die Einleitung – und dann waren wir alle überrascht. Der Roberto legte los:

A frische Maß muss sein,
dann ist das Zelt voll Sonnenschein,
so gut wie wir uns heute versteh'n,
muss es auch weitergeh'n.
A frische Maß schenkt ein,
dann kommt die Gaudi von ganz allein,
drum trinken wir tagaus und tagein,
doch Hofbräu-Bier muss es sein!

Das ganze Zelt hat getobt und der Roberto Blanco hat seinen spontanen Hofbräuzelt-Hit noch zweimal wiederholen müssen. Im Stüberl hat er uns dann diesen Spezialtext mit Widmung in unser Gästebuch geschrieben.

Ja, unser Oktoberfestbier hat schon eine kräftige Stammwürze. Jeder sollte halt die Maß in Maßen trinken. Da fällt mir die Episode mit einem Stammgast ein, der einmal, gleich nachdem wir das Zelt geöffnet hatten, seine erste Maß bestellte, dazu eine Brez'n und eine Portion Radi – eben das typische bayerische Brotzeitgedeck. Dann trank er noch eine Maß und noch eine Maß. Und als er – schon etwas schlagseitig – den letzten kräftigen Schluck Bier hinunterspülte, spülte er gleichzeitig, ohne es zu bemerken, sein Gebiss in den Maßkrug und schwankte bierselig hinaus. Ob er sein Gebiss dann am nächsten Tag im Wiesnfundbüro abgeholt hat, wo wir alle bei uns vergessenen und verlorenen Dinge abends hinbringen, wage ich zu bezweifeln.

Mit solchen Erinnerungen befällt mich auch ein Hauch von Melancholie, besonders bei einem letzten Rundgang. Aber ich bin auch irgendwie erleichtert. Zwar bin ich, wie immer nach 16 Tagen, heiser und verschnupft, bin müde und freu mich, dass ich endlich ausschlafen und mich erholen kann. Vor allem bin ich beruhigt und danke unserem Herrgott, dass nichts Aufregendes passiert und die Wiesn gut vorübergegangen ist.

Während Bänke auf Tische gestellt werden, während erste Handwerker mit dem Abbau beginnen, während die letzten Musiker unserer Plattlinger Isarspatzen ihre Instrumente, Pulte und Noten wegpacken, führt mich die Erinnerung zurück zum Anfang, wie alles begonnen hat, damals 1980.

Wir sind praktisch ins kalte Wasser gesprungen, die Margot und ich. Gut, wir hatten seit 1970 auf dem Oktoberfest das Wienerwald-Zelt und damit schon reichlich Erfahrung mit einer kleinen Großgastronomie. Doch verglichen mit dem HB-Zelt war unser Wiesn-Wienerwald mit rund 400 Plätzen so was wie eine Bonsaiausgabe. Ein Familienzelt halt ohne Musik mit unseren beliebten Grillhendln und Enten zu absolut niedrigen Preisen, was uns heftige Kritik von der Konkurrenz eingebracht hat. Unsere Antwort war simpel: »Nicht stänkern – nachmachen!«

Aber jetzt hatten wir plötzlich ein Zelt mit knapp 7000 Plätzen innen und nochmals rund 3000 Plätzen im Freien, das HB-Zelt, das zweitgrößte auf der Wiesn. Und es blieb uns keine Zeit, uns auf diese neue Herausforderung vorzubereiten. Normalerweise kann sich ein neuer Wiesnwirt ein Jahr lang bei seinem Vorgänger einarbeiten. Wir hatten diese Möglichkeit nicht, wir mussten praktisch bei null beginnen. Dafür haben wir in den ersten beiden Jahren viel Lehrgeld im wahrsten Sinne des Wortes bezahlt. So mussten wir das gesamte Personal unseres Vorgängers übernehmen, haben aber unsere eigenen Führungskräfte an den wesentlichen Positionen eingesetzt, was natürlich zusätzliche Kosten verursacht hat.

Darüber hinaus hat uns allen das schreckliche Wiesnatten-tat 1980 verständlicherweise einen beträchtlichen Besucher-rückgang beschert. Und das wiederum hat sich natürlich ne-gativ in unserer Bilanz niedergeschlagen.

Jedenfalls hatte ich am Ende unserer ersten Wiesn zehn DIN-A4-Seiten mit Notizen, was ich alles ändern möchte und werde. Und es hat damit begonnen, dass ich das Musik-podium von der Mitte an die Längsseite des Zeltes verscho-ben hab. Denn niemand wollte hinter der Musik sitzen oder diese Plätze reservieren. Dann hab ich die damals üblichen Fahnen entfernt, ich wollte das Zelt ganz einfach heller und freundlicher haben, aber schon mit was Grünem. Tannen oder Fichten kamen nicht infrage, das Zelt ist ja kein Weih-nachtswald. Und irgendwann fiel mir ein, dass mein nachbar-licher Freund Poldi aus der Holledau stammt und da hab ich zu ihm g'sagt:»Poldi, ich brauch einen Hopfenbauern, der uns das Zelt mit Hopfenreben ausgestaltet.« Und so wurde unser HB-Zelt zu einem duftenden Hopfengarten. Hopfen und Bier, das gehört untrennbar zusammen. Es hat sich bis heute bewährt.

Als ich dann auch noch die Idee hatte, schon zu Mittag Musik im Zelt zu machen, war der einstimmige Kommentar der Wirtekollegen:»Also, jetzt spinnt er total, der Steinberg!«

Früher waren ja die Zelte um die Mittagszeit praktisch leer, unfreundlich, zugig und kalt bei schlechtem Wetter und nur an ein paar Einzeltischen in der einen und anderen Box hat-ten sich Hartnäckige und Verirrte zu einer Maß und einer eher bescheidenen Brotzeit eingefunden. Denn Speisekarten mit einer Auswahl wie heute hat es nicht gegeben. Man ist halt auf die Wiesn gegangen, um eine Maß zu trinken und vielleicht ein Hendl zu essen.

Es haben sich dann nach und nach alle Wirte Gedanken gemacht, wie man die Wiesn schon mittags ankurbeln kann.

Es gab ja damals nur zwei sogenannte Essenszelte: die Fischer-Vroni und die Ochsenbraterei, die mittags auch schon gut besetzt waren. Die großen Bierzelte dagegen waren mittags praktisch leer. Wir haben also begonnen, mittags preiswerte Gerichte anzubieten, so um die DM 4,50, und Musik unter dem Motto: »Dixieland im Hofbräuzelt«. Ich hab also eine Dixiekapelle engagiert, die richtig fetzig und swingend aufg'spielt hat. Aber bis so was in München und im Umland bekannt wurde, dass es im Hofbräuzelt schon zu Mittag zünftige Musik gibt, waren die 16 Tage Wiesn vorbei. Das war nicht leicht, auch weil die Kollegen dagegen waren: »Musik zu Mittag, das kostet doch nur Geld« Doch dann hat sich mein Kollege Haberl von der Ochsenbraterei auch dazu entschlossen, damit waren wir schon zwei. Und so nach und nach haben die anderen mitgezogen. Heute kann man sich die Wiesn zu Mittag ohne Musik gar nicht mehr vorstellen. Sie hat damit eine neue Klientel gewonnen, die die Mittagswiesn bevorzugt, weil sie noch nicht so voll ist, weil man bei schönem Wetter gemütlich im Garten sitzen und weil man vor dem großen Nachmittags- und Abendandrang noch locker und lässig eine oder eineinhalb Stunden über den großen Festplatz flanieren kann. Und das ist schon lange kein Geheimtipp mehr.

So hat die Wiesn durch uns die eine und andere Innovation erfahren, die sich zu einem festen Bestandteil des Oktoberfestes entwickelt hat. Und darauf sind wir, ohne überheblich zu sein, schon ein bisserl stolz.

Doch die Erinnerung hält natürlich auch Ereignisse fest, die ein jähes Ende meiner Zeit als Festwirt bedeutet hätten. Das Hofbräuzelt war schon immer ein Anziehungspunkt für Gäste aus den angelsächsischen Ländern wie Australien, Neuseeland, Kanada und natürlich den USA. Denn das Hofbräuhaus und das HB-Bier waren und sind so was wie ein

Synonym für München, dort muss der Münchenbesucher hin, das muss er genießen. Und zum Oktoberfest muss er natürlich ins Hofbräuzelt. Nun haben aber unsere angelsächsischen Gäste eine beinahe exzessive Art zu feiern. Sie steigen auf die Bänke und nicht selten gleich weiter auf die Biertische und animieren ihre mitgereisten Mädchen, die natürlich auch nicht mehr nüchtern sind, ihre T-Shirts hochzuziehen. Und wie bestellt, sind natürlich sofort Pressefotografen zur Stelle, um diesen Blößenwahn bildlich festzuhalten und am nächsten Tag schlagzeilenträchtig in den Boulevardblättern zu präsentieren. Dagegen sind auch unsere Ordner machtlos. Manchmal habe ich den Verdacht, dass die Mädchen und auch manche Burschen von den Fotografen mit einer Maß Freibier geradezu bestochen werden, für ein Foto blankzuziehen. Wie wird man mit diesem Problem fertig, wie kann man es lösen?

Wegen all dieser Vorfälle stellten mich die Verantwortlichen der Stadt vor die Alternative, entweder dem Auf-die-Bänke-und-Tische-Steigen Einhalt zu gebieten oder aber die Zeltkonzession für das Oktoberfest zu verlieren. Das dafür zuständige Kreisverwaltungsreferat hat uns bis zu 20-mal am Tag Kontrollen ins Zelt geschickt, die alles fotografiert haben. Und dann stand tags darauf dick und fett, schwarz auf weiß auf der Titelseite einer Münchner Tageszeitung, die bis dahin reißerisch von dem Treiben in unserem Zelt berichtet hatte, moralinsauer: »Muss das Hofbräuzelt geschlossen werden?«

In so einer schier ausweglosen Situation hab ich mir schon auch überlegt, alles hinzuschmeißen. Warum tust du dir und deiner Familie das an? Ich weiß nicht, wie viele schlaflose und diskussionsreiche Nächte Margot und ich durchwacht haben. Es muss doch eine Lösung geben, eine Lösung auf Dauer. Und da ist uns der damalige Polizeichef der Wiesn mit sehr viel Verständnis zu Hilfe gekommen. Er hat sich eines Abends in unserem Zelt das unbändige Treiben unserer jugendlichen Gäste aus Übersee beinahe ungläubig angeschaut und uns folgenden Vorschlag gemacht. Wenn die Gäste schon nicht davon abzuhalten sind, auf Bänke und Tische zu steigen, warum nehmen wir dann die Bänke und Tische nicht raus und stellen stattdessen vor das Musikpodium ein paar Stehtische auf? Das haben wir zunächst für einen Abend zur Probe installiert, dann für einen weiteren Abend und letztendlich hat sich dieses Modell voll und ganz bewährt und mich so vor dem Konzessionsentzug bewahrt. Mit dieser Innovation ist unser Hofbräuzelt auch das einzige auf der Wiesn mit einem Stehbereich in der Zeltmitte.

Hier bin ich jetzt bei diesem letzten Rundgang. Mein Blick wandert nach oben zum Balkon, wo in der einen Ecke bereits das mobile Studio von MünchenTV abgebaut wird, von unserem lokalen Fernsehsender mit starker internationaler Beachtung im Internet. Jeden Tag hat das Team stundenlang live aus unserem Zelt berichtet, hat unsere prominenten Gäste interviewt, hat aber auch das turbulente Geschehen draußen und in den anderen Zelten eingefangen. Ja, und auf dem anderen Balkon stand der Sendeplatz von dem Münchner Lokalsender. Dieses Agreement – langsam, aber stetig gewachsen – ist wichtig für alle Beteiligten: Wir brauchen die Medien für unsere PR und die Medien brauchen auch uns für die Gestaltung ihrer Programme und für die Wünsche ihres Publikums.

Mein Rundgang durch das fast leere Wiesn-Zelt führt mich zurück zum Musikpodium. Da klingen plötzlich in rasanter Geschwindigkeit Refrainfragmente zahlloser Wiesn-Hits in meinen Ohren: »Einen Stern, der deinen Namen trägt ...«, »Take me home, country roads ...«, »Hey, Baby ...«, »Livin' next door to Alice ...«, »Skandal im Sperrbezirk ...«, »We are the champions ...« und viele, viele andere. Ich ertappe mich beim Mitsummen.

Dann steh' ich in unserer Wirtebox. Obwohl es leicht übertrieben ist, von unserer Wirtebox zu sprechen, denn zwei Drittel wird von der Brauerei in Anspruch genommen und nur über ein Drittel kann ich frei verfügen. Trotzdem haben wir in den letzten 30 Jahren viele Prominente begrüßen können, Politiker, Wirtschaftsbosse, Unternehmer, Ärzte, Anwälte, Wissenschaftler, Künstler. Viele sind uns liebe und treue Freunde geworden. Doch besonders schön ist immer wieder der Anblick der attraktiven, feschen, zauberhaften und wunderbar gestylten weiblichen Gäste in ihren individuellen großartigen Dirndln. Ein Fest für die Augen. Und ich genieße die Diskretion, die mir die Pflicht auferlegt, keine Namen zu nennen. Doch ich werde mir erlauben, mit ein paar Ausnahmen diese Regel zu bestätigen.

Unsere Box war ja in den ersten Jahren regelmäßig ein paar Tage vor der offiziellen Wiesneröffnung Schauplatz unserer Pressekonferenzen, bei denen wir den Medienvertretern und einigen ausgewählten Gästen Neuigkeiten in unserem Hofbräuzelt vorgestellt haben, zusammen mit dem stets mit Spannung erwarteten aktuellen HB-Festkrug. Gestaltet wurde und wird der Krug von prominenten Persönlichkeiten aus Politik, Sport, Kunst, Film und Fernsehen. Um nur ein paar zu nennen: der Bayerische Ministerpräsident Edmund Stoiber gehört dazu, der Bayerische Finanzminister Prof. Kurt Faltlhauser, der Münchner OB Christian Ude, die Ski-Asse Rosi Mittermaier und Christian Neureuther, die Olympia-Gold-Biathletin Magdalena Neuner, die Kunstmaler Rupert Stöckl und Wolfgang Prinz, der Karikaturist Dieter Hanitzsch, die beliebte Fernsehmoderatorin Carolin Reiber. Und dass wir zum 200. Jubiläum des Oktoberfestes 2010 aus dem Hause Wittelsbach einen direkten Nachfahren von König Ludwig I.

von Bayern, mit dessen prunkvollen Hochzeitsfeierlichkeiten anno 1810 auf der Theresienwiese alles begonnen hat, nämlich seine königliche Hoheit Prinz Leopold von Bayern, begeisterter Autorennfahrer, erfolgreicher Trachtendesigner – Marke »Poldi« –, als Krugmaler gewinnen konnten, hat uns besonders gefreut.

Diese Krüge sind sehr begehrt, weil exklusiv. Es gibt davon nur eine relativ begrenzte Stückzahl: 600 mit und 1.200 ohne Zinndeckel. Die meisten werden von uns im Laufe der Wiesn verschenkt, die übrigen verkauft. Einer der begehrtesten Maßkrüge war unser Zwillingsmaßkrug. Dazu haben wir Zwillinge aufgerufen, sich zu melden. Die haben wir dann abends in unser Zelt zum Essen eingeladen und ihnen einen Zwillingsmaßkrug überreicht, aus dem sie natürlich gemeinsam unser HB-Oktoberfestbier getrunken haben.

Unvergesslich sind für Margot und mich auch die Auftritte der Münchner Faschingslegende Walter Lindermeier, der als »Herzog Kasimir II.« 45 Jahre lang die Galionsfigur der »Damischen Ritter«, und der bis 2008 mit seinem zeitbezogenen, humorigen, satirischen, oft auch bissigen »Derblecken« ein Höhepunkt unserer HB-Festkrug-Präsentationen war. Jetzt sitzt er bestimmt auf einer Wolke und grantelt gemeinsam mit dem Engel Aloisius.

Lieber Walter, nochmals posthum herzlichen Dank! Seinen Part hat 2009 erstmals die großartige bayerische Kabarettistin Monika Gruber übernommen. Es ist eine Riesengaudi gewesen und so manchem »Derbleckten« ist das Lachen vermiest worden.

Ja, die Zeit ist für alle und alles das Maß im Leben. Als damals die Behörden entschieden haben, dass es vor der offiziellen Eröffnung des Oktoberfestes auf der Wiesn keine öffentlichen Veranstaltungen mehr geben darf, haben wir unsere Pressekonferenzen und Krugpräsentationen in den

19

Hofbräukeller verlegt, in ein kleines Zelt in unserem Biergarten.

All das und noch vieles mehr macht mir bei meinem letzten Zeltrundgang in diesem Jahr die Erinnerung im Zeitraffertempo wieder gegenwärtig, auch manches, das ich nicht mehr erleben möchte, das ich, wenn es möglich wäre, aus meinem Gedächtnis und aus meinem Leben streichen würde.

Margot Steinberg – Im Stüberl

Schnell sind diese 16 Tage wieder vergangen, kaum, dass ich unser Stüberl ein bisserl wohnlich eingerichtet hab, schon steht alles wieder zusammengepackt zum Abholen bereit. Unsere HB-Festwirtskrüge – wie jedes Jahr zu viele – sind gestapelt. Der Kühlschrank ist ausgeräumt, die übrig gebliebenen Flaschen, Süßigkeiten und Knabbereien sind in den Kartons mit all den anderen Sachen, die man halt braucht oder die sich während der Wiesn angesammelt haben, wie das eine und andere Mitbringsel unserer Stammgäste.

Nur unser Herrgottswinkel ist noch da und lässt mich kurz innehalten für ein schlichtes inniges Dankeschön, dass diese Wiesn ohne größere Probleme zu Ende gegangen und alles so gut gelaufen ist. Meine Gedanken sind auch bei unseren Gästen und bei unseren großartigen Mitarbeiterinnen und Mitarbeitern, die wir ein Jahr lang nicht sehen werden. Aber wie schnell vergeht so ein Jahr – nach der Wiesn ist vor der Wiesn. Aus der Erfahrung weiß ich, dass es gar nicht lange dauern wird, bis die ersten Anfragen eintreffen: »Darf ich denn im nächsten Jahr wieder dabei sein?« Es ist ein schönes, ein wunderbares Gefühl, diese Treue, diese Anhänglichkeit jetzt schon über Jahre hinweg zu spüren. Es ist dieses Gefühl der

Zusammengehörigkeit wie in einer großen Familie. Das lässt mich schon ein bisserl stolz sein, aber auch demütig, weil ja sehr viel Verantwortung damit verbunden ist.

Wie von selbst führt mich die Erinnerung zurück zum Anfang, zu unserer ersten Wiesn damals 1980. Mit ganz wenigen eigenen Mitarbeitern sind wir gestartet, die meisten haben wir ja von unserem Vorgänger übernommen. Du kommst also von heute auf morgen fast unvorbereitet in so ein Unternehmen hinein und bist natürlich wahnsinnig aufgeregt. Wir haben ja schon ein wenig Zelterfahrung mitgebracht, der Günter und ich, aber so was Großes hatten wir bis damals noch nie gemacht. Klar, dass wir schon sehr angespannt gewesen sind, wie es wohl laufen wird, wie wir das alles bewerkstelligen können. Und es hat auch gleich mit einer Riesenenttäuschung angefangen, denn zu Mittag – nichts los, überhaupt nichts los, das Riesenzelt leer bis auf ein paar verirrte Gäste. Es ist kalt und ungemütlich gewesen, es hat auch keine Musik gespielt, einfach tote Hose bis zum Abend, aber die Balkone sind auch dann leer geblieben, ebenso viele Boxen. Nur im Mittelschiff war Stimmung. Für uns engagierte Neulinge einfach deprimierend, schlicht trostlos. Das kann man sich heut gar nicht mehr vorstellen. Also, es musste was geschehen, aufgeben wäre für uns nicht infrage gekommen.

Im zweiten Jahr haben wir dann schon mittags Musik gehabt, um unser Zelt einfach zu beleben, haben uns um Firmen bemüht und zum Kommen animiert und haben so langsam das Ganze aufgebaut. Zum Beispiel hatte der Günter die hervorragende Idee mit dem Hopfen. Der ist gar nicht mehr wegzudenken aus unserem Zelt und unserem Stüberl. Ja, und heut ist es so, dass schon im Januar die ersten Reservierungsanfragen und Buchungen eintreffen. Es ist ein wunderbares, befriedigendes Gefühl und eine ganz tolle Entwicklung: Wie haben wir angefangen, was sind das für widrige Umstände gewesen und was ist daraus geworden! Das denk ich mir jedes Mal, wenn ich unsere Jahresalben von der Wiesn durchblättere mit den unzähligen Fotos und Artikeln.

Es ist für mich auch die Bestätigung, wie wichtig die Gästebetreuung ist. Darauf leg ich ganz besonderen Wert, auf den persönlichen Kontakt auch in einem so großen Zelt. Ganz besonders am Herzen liegt mir aber die Mitarbeiterbetreuung. Das ist schlicht und einfach unerlässlich. Auch damals schon während unserer ersten Wiesnjahre. Obwohl noch sehr jung, haben sie in mir so ein kleines bisserl die »Mama« gesehen. Zu mir kommen sie, wenn es ihnen einmal nicht ganz so gut geht. Nicht zum Günter, denn der war und ist in ihren Augen immer der strenge. Also muss man sich das aufteilen. Bei mir wissen sie halt, sie können sich ausweinen, sie können auch einmal ein Problem ansprechen. Ich hör ihnen zu. Denn in dem Stress und in der Hektik hat ein Mann wie der Günter nicht unbedingt ein Ohr fürs mehrheitlich weibliche Personal. Ich bin dann so was wie die Beichtmutter, die Seelsorgerin. Und was es da für Probleme gibt! Wenn zum Beispiel einer Bedienung einmal die Maßkrüge aus der Hand gerutscht sind oder die Essensteller vom Schlitten. Oder private Sorgen, weil ein Familienmitglied krank geworden oder plötzlich gestorben ist. »Ich muss heimfahren. Kann ich wiederkommen?« Da fließen nicht selten Tränen. Aber es gibt für alles eine Lösung.

Da fällt mir spontan ein, was ich unseren Bedienungen geraten habe, die sich grad am zweiten Wiesnwochenende den allzu heißblütigen Attacken italienischer Gäste höflich, aber bestimmt erwehren müssen. Wenn sie sich mit vollen Maßkrügen mehr oder weniger wehrlos durch die dichten Reihen drängen, da kann der eine und andere Azzurro seine Hände halt nicht im Zaum halten und muss das Mädel unbedingt betatschen. Da hab ich gesagt: »Wisst ihr was? Ihr zieht euch unters Dirndl eine enge Jeans an, damit habt ihr Ruh'! Denn dann macht den Männern das Anfassen keinen Spaß mehr!« Und so war's auch.

Sehr lachen musste ich über eine Bedienung, die nach so einer Attacke völlig aufgelöst zu mir gekommen ist.»Stellen Sie sich vor, Frau Steinberg, da packt mich doch einer von diesen Italienern und hält mich fest. Ich hab nicht mehr gewusst, was ich machen soll. Da hab ich ihm eine ganze Maß übern Kopf g'schütt'! Aber die Maß zahl ich gern, denn die hat sich echt aus'zahlt!« Gern hätt' ich das Gesicht von dem Begossenen gesehen. Diese Maß ist natürlich aufs Haus gegangen – unter »Frauenpower« versteht sich. Es sind grad solche kleinen Geschichten, die zeigen, dass es hinter den Kulissen unseres Hofbräuzeltes doch sehr menschelt.

Immer wieder werde ich von unseren Gästen gefragt, ob ich mich bei all dieser Hektik als Hausfrau und Mutter auch um unsere Wiesnküche kümmere. Das überlass' ich natürlich unserem Küchenchef, der macht das super. Aber ganz ohne Probieren geht es auch nicht, schließlich ist die Qualität unserer Speisen von großer Wichtigkeit und auch die Optik. Der Mensch isst ja auch mit den Augen.

Doch der heimliche und sehr menschliche Mittelpunkt ist unser Stüberl. In den ersten Jahren hab ich da mit Ricky und Silja nach der Schule die Hausaufgaben gemacht, es ist ja damals früh am Nachmittag nichts los gewesen im Zelt. Später haben die beiden dann die eine und andere kleine Tätigkeit übernommen, um ein bisserl reinzuriechen ins Wiesngeschäft. Das hat ihnen auch riesig Spaß gemacht. Die Silja hat sich um das Souvenir-Standl gekümmert und der Ricky hat beim Zeltaufbau mitgeholfen. So sind die beiden langsam reingewachsen, es ist spannend und abwechslungsreich für sie gewesen. Für sechzehn Tage ist unser Zelt so was wie ihr zweites kleines Zuhause gewesen.

Ja, immer wenn ich mich so im Stüberl umschau, werden Erinnerungen wach, die sich wie Mosaiksteinchen zu einem Bild formen. Zum Beispiel der Hopfen, der in unserem Stüberl seinen unverwechselbaren Duft verströmt und so beruhigend wirkt. Und als Bezug zum Bier hat der Günter passend ein großes Panoramafoto mit einem Kircherl aus der Holledau an der Rückwand aufgehängt. Diese stimmungsvolle Atmosphäre hat noch jedem unserer Gäste gefallen. Das Stüberl als Geheimtipp nicht nur für V.I.P.s.

Und was für Gäste unser Stüberl schon beherbergt hat zum exklusiven »Après«! Schauspieler und Sänger, Fernsehstars, Wirtschaftskapitäne und Politiker. Besonders hitzig und gar nicht selten waren da die Diskussionsrunden mit dem legendären Politik-Tycoon Franz-Josef Strauß. Ich erinnere mich an einige dieser Franz-Josef-Strauß-Abende. – Oder sollte ich besser sagen -nächte? Es wurde viel geredet, aber auch viel getrunken, und sehr oft wurde es reichlich spät. Sie haben sich halt alle wohlgefühlt bei uns im Stüberl, ein bisserl daheim und doch auf der Wiesn. Oft ist der Franz-Josef dann dagesessen, hat einige Boxbeutel genossen manchmal bis morgens um zwei, halb drei. Da konnte es sein, dass er dann halt auch eingenickt ist. Die anderen aus seiner Entourage haben die aktuelle politische Lage heftig weiterdiskutiert. Wenn sie dann aber etwas gesagt haben, was dem Franz-Josef nicht gepasst hat, ist er ganz plötzlich wieder hellwach gewesen und hat seinen Senf dazugegeben, um dann meist wieder wegzuschlummern. Da haben wir gemerkt: »Jetzt wird's aber langsam Zeit«. Und der Günter hat zu ihm gesagt: »Franz-Josef, wir haben keinen Wein mehr!«. Im Halbschlaf hat er dann verwundert gefragt: »Du hast keinen Wein mehr? Wieso?« Da ist der Günter sehr schlagfertig gewesen: »Franz-Josef, wir sind ein Bierzelt – kein Weinzelt!« Das hat ihm zwar nicht gefallen, aber eingeleuchtet: »Na, dann müssen wir halt heimgehen!« Derartige Nächte mit dem Franz-Josef Strauß hat es, solange er gelebt hat, jedes Jahr gegeben.

Wenn es auch meistens elend spät geworden ist, wir haben diese Abende trotzdem sehr genossen. Und wir haben zwei Dinge gelernt: zum einen Verschwiegenheit, denn in dieser Runde ist sehr viel Intimes beredet worden, zum anderen Geduld. Denn wenn der Franz-Josef sich entschlossen hat, noch sitzen zu bleiben, dann hat ihn nichts und niemand zum Heimgehen bewegen können. Und wir schon gar nicht. Außer wenn – wie grad erzählt – einmal der Wein ausgegangen ist.

Mit all dem Insiderwissen von solchen hochkarätigen Abenden und Nächten wäre der Günter bei jeder Partei als politischer Quereinsteiger höchst willkommen gewesen. Aber als Wirt ist es ganz einfach eine Frage der Ehre, nicht aus dem Nähkästchen zu plaudern. Doch diese eine Anekdote soll auch schon die Ausnahme von der Regel gewesen sein.

So, unsere Fotoalben, Dokumente von unseren Wiesnjahren, liegen eingepackt zur Heimfahrt bereit. Die gehen jetzt zurück ins Archiv daheim in unserem Keller. Sie sind Bildzeugen unseres Lebens, Hochs und Tiefs in Bildern festgehalten ...

Erinnerung – Kraft des Lebens

Die Erinnerung ist das einzige Paradies,
woraus wir nicht vertrieben werden können.
(Jean Paul – deutscher Dichter)

Günter – Vater, Foto, Rock 'n' Roll

Bevor ich jetzt für knapp ein Jahr unser HB-Zelt verlasse, schließe ich noch einmal die Augen. Ich mache das immer, um mich von Erinnerungen überraschen und einholen zu lassen. Es ist, als würden die Innenseiten meiner Lider zur Projektionsfläche für rasant ablaufende Lebensabschnitte.

Auf einmal bin ich wieder zehn Jahre alt. Es ist ein warmer, sonniger Tag im Frühling 1949. Gemeinsam mit meiner Mutter stehe ich in Hof-Moschendorf, einem kleinen Ort an der Grenze zwischen den damals amerikanisch und sowjetisch besetzten deutschen Sektoren. Ich bin aufgeregt, wir warten mit hunderten von Familien auf einen Zug. Meine Hand fest in der meiner Mutter. Ich werde endlich den Mann kennenlernen, den ich bislang nur von Fotografien kenne, der mein Vater ist, der in den Krieg musste, als ich drei Jahre alt war.

Hunderte von Männern steigen aus dem Zug, gezeichnet von Krieg und russischer Gefangenschaft. Unter ihnen auch mein Vater, der vier Jahre im Offizierslager 7150 Grjasowez, nordöstlich von Moskau, verbringen musste. Plötzlich kommen vier Männer auf uns zu. Ich erlebe es, als wäre es erst gestern gewesen. Intuitiv gehe ich auf den richtigen zu. Er ist so wie auf dem Bild, das er aus dem Lager geschickt hat.

Bewegende Szenen. Um uns herum fallen Frauen, Mütter und Kinder ihren Ehemännern, Söhnen und Vätern um den Hals. Aber da stehen auch ausgemergelte Männer, die halten sehnsuchtsvoll Ausschau nach ihren Angehörigen – vergeblich, niemand wartet auf sie.

Spontan werden Dankgottesdienste abgehalten, sie enden in dem Choral »Nun danket alle Gott«.

Meiner Mutter stehen die Tränen in den Augen, mein Vater sieht abgemagert aus. Seine Gesichtszüge sind härter geworden, als ich sie von den Fotos kenne, lassen erahnen, was er in den vergangenen Jahren durchmachen musste. Und doch überwiegt bei ihr die Freude.

Meine Gefühle sind gemischt. Natürlich ist es ein bewegender Moment, meinen Vater zu sehen, aber er ist zunächst einmal ein Fremder für mich. Ich habe ja keine Vater-Sohn-Beziehung zu ihm. Es ist kein Wiedersehen, es ist der Beginn eines gegenseitigen Kennenlernens.

Bis zu diesem Moment wurde ich ausschließlich von Mutter und Großmutter erzogen – von zwei gütigen und nachsichtigen Frauen, war ich doch bis dahin der einzige Bub in der Familie.

Doch die große Freude über die Rückkehr meines Vaters währte nicht lange. Es kam zu Spannungen. Krieg und Gefangenschaft hatten ihn verändert. Wir mussten uns langsam annähern, mussten unvoreingenommen aufeinander zugehen, gegenseitig Vertrauen aufbauen. Da trafen unausweichlich gegensätzliche Welten aufeinander – Strenge und Härte meines Vaters, Liebe und Sanftmut meiner Mutter. Mein Vater duldete keine Widerrede, sein Wort galt. Nur keine Gefühle zeigen. Das war das Ergebnis von vier Jahren russischer Gefangenschaft und Lagerleben.

Ich hatte manchmal das Gefühl, er war richtig eifersüchtig auf mich, weil ich so viele Jahre mit seiner Ehefrau, meiner

Mutter, verbracht hatte, wenn auch unfreiwillig. Vielleicht war es auch Neid, weil er die Kindheit und das Aufwachsen seines Sohnes nicht miterleben, nicht mitgestalten konnte. Jetzt war er quasi als Platzhirsch wieder da.

Erst viele Jahre später konnte ich ihn verstehen, konnte ich mich mit ihm aussprechen und aussöhnen, konnte ihm verzeihen, auch was er meiner Mutter durch seinen Egoismus an Kränkungen zugefügt hatte. /

Immer wieder musste er erzählen, wie die Gefangenschaft ihn und sein weiteres Leben geprägt hatte, und wir mussten immer wieder zuhören. Das wirkte sich letztendlich auch auf unser Familienleben aus. In dem Lager musste er wie alle anderen zunächst Schwerstarbeit leisten – Bäume fällen, Steine schlagen.

Zu essen gab es meist nur dünne Suppen und hart gebackenes Brot. Emotionen zu zeigen, wäre ein Fehler gewesen. Es gab nur ein Ziel – zu überleben, was nur jeder Zweite in dem Lager schaffte. Viele seiner Kameraden starben.

Dass mein Vater überlebte, hatte er seinem Beruf zu verdanken, was sich beinahe wie ein Wunder anhört: Eines Tages ließ der Lagerkommandant die Gefangenen antreten, er brauchte einen Fotografen.

Mein Vater meldete sich, er war ja ausgebildeter Fotograf und Fotofachhändler, ohne zu wissen, was ihn erwartete.

Mein Vater, damals Mitte 30, sollte mit einer »Zorki«, einer russischen »Leica«, die Arbeit im Lager dokumentieren. Dafür wurde er von der schweren Arbeit freigestellt und durfte sich in dem Turm eines ehemaligen Klosters auf dem Gelände Labor und Dunkelkammer einrichten. Später konnte er auch seine Kameraden porträtieren, die diese Fotopostkarten zu Weihnachten ihren Familien in der Heimat schicken konnten. Und so hatten auch wir nach Jahren ein optisches Lebenszeichen von meinem Vater.

So unglaublich es auch klingen mag, mit seiner Fototätigkeit im Lager schuf mein Vater den Grundstein für den beruflichen Neuanfang nach der Gefangenschaft in München und für den damit wachsenden Wohlstand unserer Familie. In Grjasowez fotografierte er aber heimlich auch die Zustände im Lager und die Situation der deutschen Gefangenen. Das war lebensgefährlich. Hätte man ihn dabei erwischt, er wäre standrechtlich erschossen worden. Kurz vor seiner Entlassung hatte er eine geniale Idee: Er zerschnitt die Negativfilmrollen in Einzelbilder, trennte die beidseitigen Perforationen ab, um sie so klein wie nur möglich zu machen, nähte in mühseliger Kleinarbeit an die 50 Negative unter die Tragriemen seines Rucksacks und schmuggelte sie so aus der Gefangenschaft nach Deutschland. Noch heute bewundere ich seinen Mut.

Zurück in München bot er die Negative verschiedenen Illustrierten an. Das Interesse war groß. Man kannte zwar die misslichen, zum Teil unmenschlichen Situationen in den Lagern aus den Schilderungen heimgekehrter Kriegsgefangener, aber Bilddokumentationen – das war eine Sensation. Letztendlich entschloss sich mein Vater, seine Negative an die von den Amerikanern lizenzierte Zeitschrift »heute« für eine sechsteilige Serie zu verkaufen. Das Honorar dafür war unser Anfangskapital für ein neues Leben in München.

Ich ging damals auf die Luitpold-Oberrealschule. Doch ich tat mich schwer mit der Schule. In dieser pubertären Zeit waren wir viel mehr fasziniert vom für uns neuen und aufregenden »American way of life«, waren berauscht von bislang nie gehörter Musik, von den amerikanischen Superstars des Kinos wie Humphrey Bogart, Marlon Brando oder James Dean, von Schallplatten der Radiosendungen des A.F.N., von den DJs des »American Forces Network«, von Elvis »The Pelvis« Presley, Bill Haley & His Comets, von Pat Boone, Brenda Lee, von Rock 'n' Roll, Boogie Woogie und Shuffle, von Kaugummi, Röhrenjeans und Haaröl, von Mädchen, Petticoats und Pumps, von »Camel«, »Chesterfield« und »Lucky Strike«. Und von den amerikanischen Superschlitten, die wir meist nur aus farbigen Prospekten kannten. Wahrscheinlich wurde schon damals meine Vorliebe für Oldtimer geweckt. Und wir bewunderten und beneideten unseren Klassenkameraden Peter Kraus wegen seiner Film- und Plattenkarriere, aber vor allem wegen seines schnittigen Sportcoupés. Es war eine wilde, ausgelassene, herrliche, aufmüpfige, freie Zeit.

Doch das alles verstärkte nur das angespannte Verhältnis zu meinem Vater, unter dessen Strenge ich gerade in dieser Zeit sehr gelitten habe. Es gab häufig heftige Reibereien. Besonders schwierig war es für meine Mutter. Sie stand immer zwischen mir und meinem Vater. Sie wollte ihrem Mann nicht in den Rücken fallen, hatte aber auch volles Verständnis für mich. Ich erinnere mich immer wieder an den leisen Vorwurf meiner Mutter: »Das ist nicht mehr der Mann, den ich geheiratet habe.« Oft bekam ich die strenge Hand meines Vaters zu spüren, vor allem, wenn die Leistungen in der Schule nicht seinen Vorstellungen entsprachen und schlicht miserabel waren. Die Maxime meines Vaters war, dass man nur mit Disziplin etwas erreicht. Er hatte es schließlich nicht nur in den Jahren seiner Gefangenschaft oftmals bewiesen.

Eine entscheidende Zäsur brachte dann das Jahr 1955. Es war, wie ich später erfuhr, im selben Jahr, in dem Friedrich Jahn seinen ersten »Wienerwald«, der damals noch anders hieß, eröffnete. Da machte sich mein Vater in der Münchner Innenstadt, in der Maxburg, mit seinem eigenen Fotogeschäft selbstständig. Natürlich mussten meine Mutter und ich, die ja meinen Vater vor dem Krieg bei Photo-Schaja in München – er dort als beratender Verkäufer, sie als Bürosekretärin – kennen und lieben gelernt hatte, voll mit anpacken.

Ich wollte wahnsinnig gern Abitur machen. Aber ich musste nach der Mittleren Reife abgehen, weil mein Vater mich unbedingt im Geschäft brauchte. Da wurde nicht lange gefragt, ob ich daran Interesse hatte oder lieber etwas anderes machen wollte. Ich weiß noch genau, wie wir oft abends zuhause Preisschildchen für das Geschäft geschrieben haben. Wer sich selbstständig macht, braucht jeden Pfennig und jede Hilfe. Das waren harte Lehrjahre für mich. Ich musste Kunden beraten, aber auch Staub wischen, ich musste Ware bestellen und die Regale bestücken. Es störte mich nicht, es war Lehre für mein weiteres Leben. Du kannst von deinen Mitarbeitern und Angestellten nur das verlangen, was du selbst bereit bist zu tun. Das habe ich damals gelernt, das habe ich bis heute immer beherzigt.

Unser kleines Geschäft florierte, erstens durch die international hoch geschätzte Qualität deutscher Marken wie Leica, Rolleiflex, Agfa oder Minox, zweitens durch die zentrale Innenstadtlage in unmittelbarer Nähe der großen Hotels »Bayerischer Hof«, »Regina«, »Königshof« oder »Continental«, und drittens durch namhafte prominente Kunden wie die Filmstars Adrian Hoven oder Claus Biederstaedt, wie der große Karikaturist und Humorist Vicco von Bülow alias Loriot. Besonders für Amerikaner war Deutschland damals ein Einkaufsparadies, der Dollar war 4,20 DM wert. Oft konnten wir die Kameras gar nicht schnell genug heranschaffen, die Kunden rissen sie uns förmlich aus den Händen. »Foto Steinberg« wurde zum Begriff.

Ein absoluter gesellschaftlicher Höhepunkt in München war zu dieser Zeit die jährliche Bambi-Verleihung im »Bayerischen Hof«. Natürlich hatten die großen Tageszeitungen und Illustrierten schon damals in den 50er Jahren den Ehrgeiz, bereits am nächsten Tag die Bilder der Bambi-Verleihung in ihren Blättern zu präsentieren. Doch zeitlich war das für die Fotografen vor Ort einfach nicht zu schaffen. Da kam der Burda-Verlag auf uns zu und wir machten das schier Unmögliche möglich. Was normalerweise zwei Tage dauerte, das Entwickeln der Filme und das Erstellen der Fotos, schaffte »Foto Steinberg« alles an einem, am selben Abend. Ich sammelte im »Bayerischen Hof« die belichteten Filme der Pressefotografen ein, brachte sie in unser Geschäft, ließ sie im Labor von unseren Mitarbeitern entwickeln, die feuchten Fotos mit dem Fön trocknen und anschließend auch noch vergrößern. Und so konnte ich die fertigen Bilder meist schon eine Stunde später im Hotel »Bayerischer Hof«, wo die Veranstaltung noch im vollen Gang war, abliefern. Das hat uns viel Lob, Anerkennung und Ansehen beschert. Und darauf waren wir sehr stolz.

Aber ich musste nach abgeschlossener Lehre raus aus dem väterlichen Geschäft, weg aus München. Ich ging nach Düsseldorf, der Geburtsstadt meines Vaters, volontierte ein Jahr lang als Fotoeinzelhändler, besuchte die Fachschule für Fotohandel in Kiel und profitierte von den Tugenden, die mir mein Vater so unbarmherzig eingehämmert hatte: Fleiß, Ordnung, Disziplin, bekam deshalb schon bald eine Gehaltserhöhung, die ich aber meinen Eltern verschwieg. Und so schickten sie mir auch weiterhin jeden Monat 150 Mark Taschengeld. Es war ein schönes, unbeschwertes Leben in Düsseldorf. Auch weil sich durch die Entfernung das angespannte Verhältnis zu meinem Vater endlich entkrampfte. Ich war eben nicht mehr bei ihm angestellt, hatte mich endgültig abgenabelt.

Und jetzt stehe ich viele Jahre später hier in unserem leeren HB-Zelt, wo bis vor Kurzem noch das bierselige Leben tobte, und versuche – völlig wertfrei und ohne Ressentiments – meine Jugend und mein wildes Leben von damals mit der fröhlichen Ausgelassenheit unseres jungen internationalen Publikums zu vergleichen. Die Freude am Vergnügen ist wohl die gleiche, völlig verändert haben sich die Lebensumstände. Ja, die Zeiten ändern sich und uns. Also, dann ...

Margot – Achterbahn ins Leben

Da unter der Bank hat sich was versteckt. Ein Bild, es muss aus einem der Alben gerutscht sein. Ein Foto mit der Mutti, dem Paps, der Evi, meiner Schwester, und mit mir. Wir vier in zünftiger Tracht fröhlich an einem herrlichen Sommertag, im Hintergrund ein See und ein Berg. Ein seltenes Familienbild. Wann war das? Auf der Rückseite entdecke ich das Datum: Sommer 1954. Da war ich grad 5, die Evi knapp 3 Jahre alt. Ich seh' mir das Foto an – und im Nu bin ich wieder so alt wie damals.

Das Karussell der Erinnerungen beginnt sich zu drehen. Es führt mich weit zurück in die Kindheit, in eine bescheidene, keineswegs begüterte, aber eine behütete Kindheit, die in Steyr in Oberösterreich begann. Von der Mutti weiß ich, dass der Paps bei meiner Geburt noch als Ober in Basel im Hotel »Drei Könige« gearbeitet hat. Es war halt in der Schweiz mehr zu verdienen als daheim. Einmal im Monat kam er nach Haus und hat mich erst nach drei Wochen gesehen. Ein unhaltbarer Zustand für den jungen Familienvater.

Als mein Vater wieder einmal von Basel heim fuhr und sein Zug in Innsbruck zehn Minuten Aufenthalt hatte, kaufte er sich die »Tiroler Tageszeitung«. Es war, wie sich herausstellen sollte, keine gute Investition. Er entdeckte nämlich eine Anzeige. In fetten Lettern war zu lesen: »›Schönberger Hof‹ zu versteigern«, ein Hotel mit Gaststätte direkt an der Brennerstraße bei Kilometer 15,5. Die Brennerautobahn existierte damals noch nicht. Und da die Versteigerung bereits für den nächsten Tag angesetzt war, stieg der Paps kurz entschlossen aus dem Zug und in ein Taxi und ließ sich zu diesem »Schönberger Hof« fahren. Er war auf Anhieb so begeistert, dass er sofort mit seiner Bank telefonierte und für einen Kaufkredit grünes Licht bekam. Am folgenden Tag war außer dem Paps kein einziger Interessent bei der Versteigerung erschienen und so ersteigerte er den »Schönberger Hof« inklusive 36 Hektar Wald für 20.000 Schweizer Franken. Für ihn ging ein Traum in Erfüllung! Endlich ein eigener Gasthof, endlich selbstständig. Er war so aufgeregt, dass er in der ersten Nacht in seinem eigenen Haus kein Auge zubrachte. Ein solches Glücksgefühl hatte er danach nie mehr, wie er uns viel später erzählt hat.

Die Mutti allerdings teilte seine Euphorie keineswegs. Nicht nur, weil sie zu dieser Zeit mit ihrem zweiten Kind, mit der Evi, im vierten Monat schwanger war, sondern weil sie – wie das bei uns Frauen ja häufig der Fall ist – das Ganze etwas realistischer betrachtete und wohl ahnte, was da auf sie und die Familie zukommen würde. Die Mutti hatte schließlich auch Erfahrung in der Gastronomie, arbeitete sie doch als Serviererin im »Café Landsiedl« am Hauptplatz in Steyr, wo sie den Paps, der dort nach dem Krieg als Kellner angeheuert hatte, kennenlernte und wo unsere Familiengeschichte ihren Anfang nahm. Jedenfalls war ihr der »Schönberger Hof« irgendwie unsympathisch. Das Anwesen war zwar groß und traumhaft gelegen, aber es gab kein fließendes Wasser und auch keine Kanalisation. Es gab nur eine Senkgrube und die musste regelmäßig geleert werden.

Trotzdem brachten die Eltern das Anwesen mit Unterstützung von Freunden und Verwandten soweit auf Vordermann, dass Touristen auf ihrem Weg nach Italien immer öfter im »Schönberger Hof« die doch etwas deftige Tiroler Küche konsumierten. Immer wieder blieben auch Gäste über Nacht. Manche empfanden den fehlenden Komfort sogar als romantisch. Doch von Romantik allein und deftiger Tiroler Küche konnten wir auf Dauer nicht leben. Der »Schönberger Hof« war zwar wunderschön, aber sehr abgeschieden gelegen, sehr ruhig, mit direktem Ausblick auf ein herrliches Gebirgspanorama. Der nächste kleine Ort, Matrei am Brenner, war 5 Kilometer entfernt, Innsbruck ganze 20 Kilometer. Wir besaßen weder ein Moped, geschweige denn ein Auto. Und der Bus fuhr nur zweimal am Tag.

Aber ein Kind, das auf die Welt drängt, richtet sich nicht nach Fahrplänen. Als bei der Mutti am 5. September 1951 die Wehen einsetzten, musste der Postbote mit seinem Dienstmoped Taxi spielen und die Hochschwangere auf dem Rücksitz ins nächste Krankenhaus kutschieren. Die Ärzte und Schwestern in Matrei dürften sehr verwundert gewesen sein, als der Postbote mit seiner nicht alltäglichen und ungewöhnlichen ›Zustellung‹ vorfuhr. Schon wenige Stunden später erblickte meine Schwester Evelyn, für uns nur Evi, das Licht der Tiroler Bergwelt. Der Paps war auch diesmal nicht da. Er war auf Saison in der Schweiz. Unser »Schönberger Hof« erwies sich von Tag zu Tag mehr als Fass ohne Boden; die Investitionen überstiegen die Einnahmen bei Weitem. Unsere Mutti, die den Hof gemeinsam mit der Schwägerin führte und obendrein für die Erziehung der beiden Töchter verantwortlich war, hatte bald genug von der Einsamkeit in der Tiroler Bergwelt. Und so stellte sie eines Tages den Paps vor die Wahl: »Entweder wir ziehen um oder ich lass mich scheiden.« Wie ich sie kenne, hätte sie das nie und nimmer gemacht, denn sie liebte unseren Vater über alles. Es war halt einfach ein deutliches weibliches Druckmittel. Die Mutti war ein Stadtkind. Sie wollte was erleben und unter Menschen sein. In der Einsamkeit der Einschicht wäre sie wohl auf Dauer depressiv geworden. So entschloss sich unser Vater schweren Herzens, den »Schönberger Hof« zu verpachten und mit uns dorthin zu ziehen, wo ihm die berufliche Zukunft damals besonders Erfolg versprechend schien – nach München. Denn während seiner Saisontätigkeit in St. Moritz hatte er den Chef des Hotels »Bayerischer Hof«, Falk Volkhardt, kennengelernt, der ihm anbot, dort zu arbeiten. Es war die große Chance. So packten wir 1952 Koffer und Kisten und ab ging's nach München.

Es war damals gar nicht so einfach, eine Wohnung zu finden. Viele Häuser waren im Krieg schwer beschädigt worden, doch wir fanden eine bescheidene Bleibe in der Mauerkircherstraße 10. Ich war grad drei Jahre alt, aber ich erinnere mich noch sehr genau daran: Die kleine Wohnung im Souterrain war sehr feucht. Sie hatte zwei Zimmer, für uns beinahe ein Luxus. Der Paps hat später immer gern gescherzt: »Das war unsere erste Wohnung mit fließendem Wasser – nicht aus dem Wasserhahn, sondern von der Decke!« Gebadet wurde nur einmal die Woche – samstags. Denn das Wasser für die Wanne musste vorher ja erwärmt werden. Und das war nicht jeden Tag möglich.

In München konnte unser Vater endlich seinen Traum von der Selbstständigkeit voll verwirklichen, an einem Datum, das niemand in unserer Familie je vergessen wird. Es war der 1. März 1955, öffnete in der Amalienstraße 23 in Alt-Schwabing, in unmittelbarer Nähe der Uni, das »Linzer Stüberl« seine Pforten, mit 40 Plätzen. Es hatte eine betont österreichische Note, der Paps bediente, die Mutti stand hinter der Theke. Unter den Gästen waren viele Studenten, die brauchten ein preiswertes Standardgericht – eine einfache Suppe mit Huhn und Nudeln für 2 Mark. Der Paps kaufte die Suppenhühner spätnachmittags am Viktualienmarkt, da waren sie billiger. Und wir, meine Schwester und ich, mussten die

Hendln ausnehmen. Herz, Nieren, Leber – das war ja alles noch drin. Für meine Schwester und mich war das eine ekelige Strafarbeit, die der Paps zu einer Art Wettbewerb auslobte. Wer in kürzester Zeit die meisten Hendln ausgenommen hatte, bekam ein Zehnerl – zehn Pfennig. Na ja, das war damals ein kleines Vermögen, dafür kriegten wir am Kiosk bereits eine Tüte mit Brausestangerln oder Bonbons.

Die Mutti kochte die Suppe daheim in unserer bescheidenen Souterrainwohnung in der Mauerkircherstraße und brachte sie in zwei Milchkannen mit dem Fahrrad ins Lokal. Doch da die Mutti nicht unbedingt die sicherste Radlerin war, gab es bei dieser Art des Transports immer wieder mal Verluste. Portionsweise wurde die Hühnersuppe dann auf einem kleinen Rechaud am Büffet aufgewärmt, denn eine Küche war damals im »Linzer Stüberl« noch nicht vorhanden.

Irgendwann hatten unsere Stammgäste von der Hühnersuppe genug. Auf Anregung eines Studenten fing der Paps dann an, Hendln zu grillen. Auch der Name »Linzer Stüberl« passte nicht mehr so richtig. Er suchte also nach einem Namen, der seinen kulinarischen Wertvorstellungen in Verbindung mit seiner österreichischen Heimat und mit Wien voll und ganz entsprach. Und da blieb nach einigen Vorschlägen des legendären Gesellschaftskolumnisten Hannes Obermeier, genannt »Hunter«, nur ein Name übrig: »Wienerwald«. Damit war der erste »Wienerwald« in der Amalienstraße geboren. Für unseren Paps war es der erste Schritt in eine einmalige internationale Erfolgsstory. In der Blütezeit setzte unser Unternehmen inklusive der Franchise-Betriebe weltweit 2,5 Milliarden D-Mark um, beschäftigte 27.000 Mitarbeiter mit Sozialleistungen, die damals einzigartig in der Gastronomie waren. Ja, unser Vater und wir konnten und durften schon stolz sein. Leider sollte es für den »Wienerwald« lange kein Happy End geben.

Unsere Familiengeschichte hätte wohl niemand besser niederschreiben können als unser Paps. Darum hab ich sein Buch »Friedrich Jahn – Ein Leben für den Wienerwald. Vom Kellner zum Millionär – und zurück« stets im Wiesn-Stüberl dabei. Denn beim Lesen entdecke ich immer wieder manche Dinge und Entwicklungen neu, und vieles aus der Erinnerung wird wieder lebendig. Trotz aller Höhen und Tiefen, trotz aller Schicksalsschläge bleibt mein Vater dem Günter und mir immer ein großes Vorbild. Ja, die Erinnerung ist eine starke Kraft auch in meinem Leben.

Der Anfang –
Vom beinahen Ende einer Ehe

Die Ehe ist die interessanteste,
schwerste und wichtigste Aufgabe im Leben.
(Anne Morrow Lindbergh – US-amerikanische Schriftstellerin)[1]

Günter –
Wie konnte es so weit kommen?

Ich weiß nicht mehr genau, wann es in unserer Ehe zu kriseln begann, aber gewiss schon damals mit dem großen Engagement, das ich eingegangen bin, als dieses Riesenunternehmen »Wienerwald« auf seinem Höhepunkt in die Insolvenz zu schlittern begann. Mein Schwiegervater war ein Kämpfer und ich wollte mir keinerlei Blöße geben und bin ja das harte Arbeiten gewohnt, schon durch meinen Vater, der mich entsprechend streng erzogen hatte. Und ich habe mir, dem Unternehmen und allen Menschen, die damit befasst gewesen sind, vor allem auch meiner Frau, beweisen wollen, dass ich nicht nur der eingeheiratete Schwiegersohn bin, der sich quasi in ein gemachtes Nest setzt, sondern ich wollte auch wirklich was bewegen und leisten. Und wenn man in seinem Beruf mit Herz und Verantwortung aufgeht, dann nimmt man sich einfach viel zu wenig Zeit für die Familie und für die privaten Sorgen und Probleme. Margot hat sich wunderbar und aufopfernd um unsere beiden Kinder gekümmert und sie in der Hauptsache erzogen. Ich bin sehr oft nur zum Kofferpacken für die nächste Geschäftsreise nach Hause gekommen.

Mir ist es damals in der Glanzeit des »Wienerwald«-Imperiums ganz einfach zu gut gegangen. Mit dem Erfolg wirst du übermütig, schießt über das Ziel hinaus. Ich habe neue Freunde gesucht und mich amüsiert. War offen, um nicht zu sagen gierig nach Schmeicheleien, ließ mich bewundern und verlor dabei den Blick für die Realität, das Ohr für wahre Freunde und echte Komplimente. Es wurde mir auch so leicht gemacht. Mehrmals in der Woche Dienstreisen mit dem firmeneigenen Learjet, fast jeden Monat eine glanzvolle Neueröffnung eines »Wienerwald«-Restaurants in Deutschland, Europa oder Übersee. Ganz nach den patriarchalischen Vorstellungen meines Schwiegervaters Friedrich Jahn, die jedes Jahr mit großzügigsten Einladungen befreundeter Polit-, Sport-, Film-, Wirtschafts- und Gesellschaftsprominenz, vornehmlich aus Bayern, in drei ausgewählte Parkettlogen am Wiener Opernball ihren unübertrefflichen Höhepunkt fanden. Darüber berichteten nicht nur die deutschsprachigen Medien. Im Mittelpunkt natürlich auch der Juniorpartner Günter Steinberg mit seiner attraktiven Frau Margot.

Doch der berufliche und gesellschaftliche Erfolg weckte Begehrlichkeiten nach immer mehr Anerkennung und Aufmerksamkeit. Ein Wettlauf gegen den Patriarchen, den ich im Unternehmen nicht gewinnen konnte, zumindest um Platz 1 in den Gesellschaftskolumnen der Boulevardblätter. Rotwein – Zigarre – Flirten, es war so einfach und erfolgreich.

Und so ließ ich mich in so manchen Flirt fallen, ohne viel zu überlegen und an unausbleibliche Konsequenzen zu denken.

Über die enormen Kränkungen, die ich Margot damit zufügte, über die Herabsetzung, über das Brechen von Versprechen, über das öffentliche Getuschel und scheinheilige, mitleidige Belächeln und dieses »Das-haben-wir-doch-schon-immer-gewusst« hinter vorgehaltenen, nicht nur weiblichen, Händen in der Gesellschaft nach dem Bekanntwerden meines Verhaltens, sind mir die Augen erst sehr spät aufgegangen.

Nach außen hin wahrten wir natürlich den Schein einer heilen Ehe. Das erwartet man in den Kreisen, in denen wir uns bewegen. Da gibt es genügend Beispiele von Kollegen und Kolleginnen, von Künstlern, Politikern und Fußballstars, die keineswegs zur Nachahmung empfehlenswert sind. Leider hängt an solchen Gesellschaften irgendwie oft auch die wirtschaftliche Existenz. Bist du nicht dabei, bist du nicht »in«. So sind Margot und ich weiterhin gemeinsam zu Empfängen der Münchner High Society gegangen, haben Wohltätigkeitsveranstaltungen, die immer gut fürs Image sind, besucht, und vermeintliche Freunde getroffen. Doch innerlich hatten wir uns schon auseinandergelebt.

Der wahre Grund war, und das ist mir erst Jahre später und nach vielen leidvollen Erlebnissen klar geworden, dass wir, Margot und ich, ganz einfach viel zu wenig miteinander geredet haben.

Wir sind viel zu wenig aufeinander eingegangen, um die Sorgen, die Probleme und die Wünsche des anderen wahrzunehmen, zu begreifen, nach Lösungen zu suchen und Wünsche zu erfüllen. So habe ich mich in der Hauptsache um das Geschäft und letztlich um die berufliche Karriere gekümmert und viel zu wenig um die Familie. Das alles zusammen war wohl der Auslöser für die erheblichen Schwierigkeiten und unsere Lebenskrise.

Plötzlich hat jeder sein eigenes Leben geführt, wir sind parallel gelaufen. Ich habe versucht, mich in der Münchner Gesellschaft zu etablieren, so wie mein Schwiegervater.

Ich bin viel ausgegangen, habe viele Veranstaltungen besucht, so oft wie möglich auch mit Margot, meistens aber allein. Das war sicherlich einer der Hauptgründe, der, zunächst von uns unbemerkt, zu unserer Entfremdung führte.

Die Folge war, dass sich die Margot in ihrer maßlosen Enttäuschung und menschlichen Kränkung über meine Eskapaden mit anderen Dingen befasst und sich sehr mit alternativen Religionen auseinandergesetzt hat. Sie hat sich für Esoterik, Buddhismus, Hinduismus, New Age und ähnliche Dinge interessiert, die verstärkt in Mode gekommen und als Alternativ- oder Ersatzreligionen »in« waren. Aber sie hat mit mir kaum darüber geredet, weil wir uns in dieser Zeit privat wohl auch wenig zu sagen hatten, außer vielleicht die üblichen gegenseitigen, oft diskutierten und ungelösten Schuldzuweisungen.

Doch in all diesen Alternativen hat sie keine Antworten für ihr Leben gefunden, keine Perspektiven. Bis zu jenem Vortragsabend mit Missionaren aus Südafrika, der auch mich so sehr beeindruckt hat, dass ich die Projekte unbedingt vor Ort sehen wollte. Diese Reise sollte zu einer Wende in ihrem und letztendlich auch in meinem Leben führen, zu einem Leben mit Bibel und Bier. Aber noch war ich skeptisch und für diese Wende noch nicht bereit.

Margot dagegen hat alle für sie neuen Erkenntnisse wie ein trockener Schwamm in sich aufgesogen. Sie war sich sicher, endlich den richtigen Weg gefunden zu haben. In ihrem Überschwang, in ihrer Begeisterung, in ihrer Euphorie wollte sie alle in ihrer Umgebung – Familie, Freunde, Bekannte – überzeugen, missionieren, ja beinahe mit der Bibel erdrücken. Es gab kein anderes Thema mehr, beim Frühstück, beim Abendessen, in jeder freien Minute. Plötzlich hatte sie kein Interesse mehr am Geschäft, unsere gemeinsamen Freunde waren für sie oberflächlich, die Gespräche leere Hülsen, die gesellschaftlichen Small-Talk-Events reine Zeitvergeudung. Margot kannte nur diesen einen, ihren Weg und versuchte nicht nur, mich zu überzeugen, sie schien mich gleichsam mit der Bibel »erschlagen« zu wollen.

Damit waren die Probleme zwischen Margot und mir noch lange nicht gelöst, im Gegenteil.

Ich beobachtete diesen Wandlungsprozess mit gemischten Gefühlen. Ich hatte zu diesem Zeitpunkt mit der ganzen Sinnsuche wenig am Hut. Ich dachte:»Lass sie nur machen, erst war es Esoterik und all der andere Kram, jetzt sind es Jesus und die Bibel. Das geht auch wieder vorbei.« Doch ich sollte mich gewaltig irren. Margot schien es diesmal ernst zu sein.

Das alles hat mich anfangs – heute denke ich ganz anders darüber – das alles hat mich anfangs, ja, ich kann es ruhig so sagen, abgestoßen. Wir haben uns, statt anzunähern, noch mehr voneinander entfernt.

Aus all diesen bitteren Erfahrungen sage ich heute zu meinen Kindern:»Redet miteinander, sprecht euch miteinander aus, lasst euch auf die Sorgen und Probleme des anderen ein. Viel Zerstörerisches lässt sich im Keim ersticken, wenn ihr aufeinander zugeht.«

Jedenfalls kamen damals bei mir Zweifel über meine Lebensform erst gar nicht auf. Ja, auch mir erzählte unsere wöchentliche Masseurin Tante Hilde – Margot kann sie viel besser und eingehender beschreiben – von ihrem christlichen Glauben und wie er das Leben verändern kann.

Aber was sollte oder wollte ich verändern? Alles war soweit prima. Ich war gesund. Meine Arbeit machte mir Freude und in der Familie lief es, nachdem Margot und ich uns ausgesprochen hatten, nachdem ich meine Fehler eingestanden, bedauert und Margot ehrlich und nachhaltig um Verzeihung gebeten hatte, einigermaßen normal. Wenn jemand überhaupt etwas ändern konnte, dann doch nur ich selbst und nicht Gott. Wozu dieses viele Gerede von Jesus und Kirche?

Da sind diese wunderschönen Erinnerungen an die Jahre, in denen wir, meine Großmutter, meine Mutter und ich, bis zur Heimkehr meines Vaters in Cronheim gewohnt haben. Ich ging damals mit meinen Freunden regelmäßig zur Kirche. Das Tollste dabei war für uns das Läuten der Glocken. Die waren so schwer, dass – wenn man sie einmal richtig in Schwung gebracht hatte – wir kleinen Kerle an den dicken Stricken bei jedem Glockenschlag in die Höhe sausten und dann wieder hinab. Das war ein riesiger Spaß und das allein hätte mir schon genügt, um Ministrant zu werden. Ich denke auch gern an die Mai-Andachten zurück, die im Wonnemonat jeden Abend in der Kirche stattfanden. Dafür wurden alle Ministranten gebraucht. Und wir kamen gern. Denn auf diese Weise konnten wir den ganzen Monat jeden Abend mindestens eine Stunde länger wach bleiben.

Die Gottesdienste und die Andachten machten auf mich einen mächtigen nachhaltigen Eindruck. Ich musste alles zu Hause nachspielen. Im Flur stand eine Frisierkommode mit einem großen Spiegel und zwei aufklappbaren Seitenflügeln. Für mich war das ein Triptychon, ein dreiteiliger Altaraufsatz. Da spielte ich den Gottesdienst. Die Kämme und Bürsten, die dort lagen, wurden durch zwei Vasen mit Blumen ersetzt, dazu stellte ich einen kleinen Teller mit Brot als Hostien und einen Becher mit Saft als Wein für die heilige Wandlung. Ich hängte mir eine weiße Tischdecke um und war somit der Pfarrer. Mutter und Großmutter waren die Gemeinde. Und wenn wir zufällig Besuch hatten, dann war meine Kirche voll. Natürlich wusste ich ganz genau, was der Priester während des Gottesdienstes zu sagen hatte, damals alles noch in lateinischer Sprache. Da konnte es schon vor lauter Aufregung passieren, dass ich statt des Friedensgrußes »Dominus vobiscum« – »Der Herr sei mit Euch« – schon mal fragte: »Omnibus, wo bist du?« Das unterdrückte Lachen meiner kleinen Gemeinde tat der feierlichen Stimmung in meiner improvisierten Kirche keinen Abbruch.

Ich war und bin ein traditionell gläubiger Mensch, katholisch getauft und erzogen, ehemaliger Ministrant und Pfadfinder und ein langjähriger großer Fan unseres damaligen exzellenten Pfarrers von Grünwald. Obwohl ich nicht unbedingt ein eifriger Kirchengänger und regelmäßiger Konsument von Sakramenten war, stand für mich der Glaube an Gott außer Frage. Infrage stand und steht halt immer sein Bodenpersonal.

Lange Zeit – fast vier Jahre – stießen Margots christliche Bemühungen bei mir auf taube Ohren. Ich hatte so etwas wie einen Schubladenglauben entwickelt. Wenn es mir schlecht ging, machte ich die Schublade auf und fragte nach Gott. In solchen Momenten betete ich auch. Sobald es mir wieder gut ging, war die Schublade zu und ich wollte wieder selbst Regie führen in meinem Leben. Mir ging es zum damaligen Zeitpunkt gut, vielleicht zu gut.

Auszeit – ich muss ein paar Augenblicke nachdenken, um alles wieder auf die Reihe zu kriegen ...

Was war letztendlich ausschlaggebend, dass sich mein Leben so veränderte? Es war wohl der Tag, an dem die Margot die IVCG, die »Internationale Vereinigung für Christliche Geschäftsleute«, kennengelernt und durch diesen Kontakt noch intensiver zur Bibel und zu ihrem christlichen Glauben gefunden hat. Aber war auch ich dafür schon bereit?

Margot – Was war bloß mit uns geschehen?

Wie bin ich dahintergekommen? Wie wohl jede verheiratete Frau, die plötzlich Veränderungen im Verhalten ihres Mannes bemerkt, Kleinigkeiten, die vom Routinealltag abweichen.

Der Mann tickt halt ganz anders als wir, das ist so. Zunächst willst du es nicht wahrhaben. Aber bereits in diesem Nicht-Wahrhaben-Wollen steckt schon der Keim des Zweifels. Aber nein, das kann doch nicht sein! So was kann doch mir nicht passieren! Doch dann beginnst du nachzudenken über die letzten Tage und Wochen, vielleicht sogar Monate. Und plötzlich erkennst du, was dir an seinem Verhalten auffällt. Als lächerliche und völlig unzureichende Erklärung fällt dir dann bloß das abgegriffene Sprichwort ein: »Gelegenheit schafft Diebe« – man ist geschäftlich erfolgreich, ich meine, der Günter hat ja wirklich was erreicht, hat ja wirklich was geleistet, stellt was dar, schaut gut aus und es ist ganz logisch, dass so ein Chef immer umschwärmt wird. Das ist ganz klar, egal, wo er hinkommt. Die Versuchung ist eben sehr groß. Und wenn du dann noch lang weg bist von daheim, von deiner Familie, dann wird die Versuchung noch größer. Der eine machte das, der andere das. Wir sind so oft und lang getrennt gewesen, dass zwangsläufig mein und sein Leben eine Eigendynamik entwickelt haben, entwickeln mussten. Kurz – zwei Leben nebeneinander. In einer harmonischen Ehe ist das gemeinsame Gespräch das Wichtigste, das Ansprechen von Problemen, die Suche nach Lösungen, das Zuhören können. Wir haben uns dafür keine Zeit genommen. Beim nächsten Mal, morgen vielleicht. Bei uns hat diese innere Trennung ziemlich genau 1985 begonnen. Von diesem Zeitpunkt an ist alles auseinandergelaufen.

Mein Gott, ich bin schockiert über meine pragmatischen Gedanken. Ist es das geistige Erbe meines Vaters, der immer gesagt hat: »Nimm die Menschen wie sie sind. Es gibt keine anderen«?

Natürlich hat es meine Umgebung, haben die Freundinnen alles viel früher erkannt und vorausgesehen als ich, was mit dem Günter los war ... Auch mein Vater. Es war eine harte Prüfung, eine richtig harte Prüfung. Mein Selbstwertgefühl hat sehr darunter gelitten. Du fühlst dich einfach nicht mehr geliebt, nichts mehr wert. Trennen wollte sich der Günter nicht, ist ja klar, hat ja alles gehabt. Als Frau bist du da anders gepolt.

In so einer einsamen, ja depressiven Situation begegnest du überraschend einem Menschen, der dir zuhört, der sich für deine Probleme zu interessieren scheint, der dir das Gefühl gibt, verstanden zu werden. Du fühlst dich anerkannt, respektiert, einfach wohl. Es ist all das, was du so lange vermisst hast, dass jemand Zeit für dich und dein Leben hat. Einmal ausbrechen aus dem Käfig der vielen Probleme mit Ehe, Familie, den Geschäften. Bis du jäh erkennen musst, dass dieser Mensch dein Vertrauen und deine Offenheit schamlos für sich auszunützen versucht. Ein schnelles Ende und eine Enttäuschung mehr.

Unter diesem Erlebnis habe ich sehr gelitten, ich fühlte mich leer, verletzt, hintergangen. Ich war voll in der Krise gelandet. Und da habe ich mir die grundlegende Frage nach dem Sinn meines Lebens gestellt. Meines Lebens mit Ende dreißig. Wie hat es so weit kommen können, was ist ursächlich schuld an dieser Misere? Wie sehr trifft diese Schuld auch mich? Denn das kann es ja noch nicht gewesen sein. Mein Leben schien sich meiner eigenen Verantwortung entzogen zu haben. Ich musste eine neue Lebensformel für eine neue Lebensform finden. Ich brauchte einen Halt, doch wo und wie könnte ich Halt finden?

Wie so oft war es der Zufall, der mir in die Hand spielte, im wahrsten Sinne des Wortes, in Form eines Flyers. Eines Tages, ich weiß nicht mehr wann, war ich in München shoppen, gleichsam als Fluchttherapie aus meinen Gedanken, aus dieser depressiven Phase. Da drückte mir jemand beinahe unbemerkt etwas in die Hand. Normalerweise stecke ich solche Werbezettel in den nächsten Papierkorb. Doch irgendwie war ich neugierig geworden. Auf dem Flyer stand: »Mit Bachblüten die Seele heilen«. So war ein Seminar überschrieben, das Linderung und Lösung seelischer Probleme versprach. Meine Seele war wund und verletzt, schutzbedürftig, Heilung suchend. War das der Fingerzeig? Ich beschloss spontan, dieses Seminar zu besuchen, zum ersten Mal in meinem Leben. Doch meine Sehnsucht nach Ruhe und innerer Zufriedenheit konnte dieses Bachblütenseminar nicht befriedigen.

Aus diesem einen Seminar sollten Dutzende werden. Sehnsucht beinhaltet zur Hälfte auch Sucht. Wann immer es mir zeitlich erlaubt war – es war ja nicht so, dass ich nichts zu tun gehabt hätte, die Geschäfte liefen auf Hochtouren, die Familie, jedenfalls die Kinder, brauchten meine Fürsorge – wann immer ich für mich ein paar Stunden abzweigen konnte, besuchte ich Kurse und Seminare unterschiedlichster Ausrichtungen und Ziele: New-Age und Esoterik, Ernährungskurse, fernöstliche Religionen und Meditationen und was die Palette so alles zu bieten hatte. Das ging etwa drei Jahre lang – von 1986 bis 1989. Irgendwann fiel ich damit meiner Familie fürchterlich auf die Nerven. Aber ich wollte meine Suche nach dem Sinn meines Lebens erfolgreich abschließen.

An ein Seminar erinnere ich mich so genau, als wäre es gestern gewesen. Das war in der Nähe von Garmisch-Partenkirchen und es ging darum, die eigenen mentalen Kräfte zu steigern, um dann Dinge überwinden zu können, vor denen man sich fürchtet. Der Seminarleiter sagte uns, dass wir alles schaffen können, wenn wir nur an uns glauben. So weit, so gut. Noch ein paar theoretische Einführungen, dann soll das in die Praxis umgesetzt werden. Ich war wirklich gespannt auf diese Praxis-Einheit. Nur, dummerweise – im Nachhinein muss ich sagen glücklicherweise – kam ich an diesem Tag nicht pünktlich aus dem Geschäft, dafür aber in den täglichen Münchner Feierabendstau. Ich verspätete mich natürlich. Es war mir unangenehm, zu spät zu kommen. Durchs Fenster sah ich, dass alle bereits im Seminarraum saßen und hörte, wie der Seminarleiter die Teilnehmer aufforderte, alles auf einen Zettel zu schreiben, was man an seelischem Ballast über Bord werfen möchte. Nach einigen Minuten forderte er alle auf, in den Garten zu gehen. Dieser lag auf der anderen Seite des Seminarraums, also schlich ich neugierig um das Haus herum, um zu sehen, was da als Nächstes vorgesehen war. Als ich schließlich leise durch einen der Büsche blickte, konnte ich zunächst gar nicht glauben, was ich sah. Es war ein wegartiger Streifen ausgelegt – ganz aus glühenden Kohlen. Sollte da jemand über diese glühendheiße Straße laufen müssen? Ich hatte diese Frage kaum zu Ende gedacht, da forderte der Seminarleiter die Teilnehmer tatsächlich auf, die Schuhe auszuziehen. Mir stockte der Atem. Die werden sich doch alle die Fußsohlen fürchterlich verbrennen! Insgeheim war ich in diesem Augenblick froh und dankbar über den Stau, der mich zu spät kommen ließ. Und während ich noch die letzten Anweisungen des Seminarleiters hörte, dass jeder sich auf seine inneren Kräfte konzentrieren möge, denn wer es schafft, über diese glühende Kohlenstraße zu laufen, der schafft auch alles andere im Leben, während ich noch die zweifelnden Blicke der Seminarteilnehmer über ihr Gelingen erhaschte, kehrte ich schnell zu meinem Wagen zurück und fuhr nach Hause. Die noch ausstehenden Seminareinheiten fanden ohne mich statt.

Doch ich bin auf der Suche nach dem Sinn meines Lebens hartnäckig geblieben. Nein, auf halbem Weg konnte ich nicht stehen bleiben, ich wollte nicht abbrechen. Ich musste ins Reine kommen mit mir und meiner kleinen Welt. Ob es wohl stimmt, was ich von einst in Erinnerung hab, dieses »Hilf dir selbst, dann hilft dir Gott«? Einen Versuch wäre es allemal wert. Ich hatte ja bislang keine Ahnung, was da so alles unter dem Mäntelchen »Seelische Ausgeglichenheit – körperliches Wohlbefinden, aktiv und passiv« angeboten wird. Also besuchte ich mit meiner Freundin Edith ein Seminar für gesunde Ernährung unter dem Motto »Fit for life«. Ich dachte, sicher wirkt sich auch die Ernährung irgendwie auf das gesamte Wohlbefinden, auf das körperliche und seelische Gleichgewicht aus. Doch das Kochen war zu meiner Überraschung in diesem Seminar absolut zweitrangig. Zunächst saßen wir alle in einem Stuhlkreis und man sollte, nachdem man sich vorgestellt hatte, seine persönlichen Probleme kundtun. Plötzlich fing die Leiterin an, von Schwingungen zu erzählen, die jeder Mensch besitzt. Und dann trat eine – wie sie sich vorstellte – ausgebildete Opernsängerin auf und bat uns, wir mögen uns auf den Boden legen. Dann kniete sie sich der Reihe nach hinter jeden von uns und nahm diese vermeintlichen Schwingungen mit verschiedenen ganz schrillen Tönen auf. Während die meisten Seminarteilnehmer mit ernsten – oder waren es verkrampfte – Mienen dalagen, bekam ich einen Lachanfall. Das war so albern, das sah so lächerlich aus – unbeschreiblich. Ich war doch gekommen, um durchs Kochen so etwas wie Seelenheil zu finden. Ich hatte wirklich keine Lust, von meinen Problemen zu erzählen, dabei am Boden zu liegen, mit einer schrillen Opernsängerin im Rücken, die Körperschwingungen mit Tönen aufnahm. Die Seminarleiterin konnte über meine Reaktion keinesfalls lachen. Sie ließ mich nur – offensichtlich frustriert – wissen, dass manche Menschen, so wie ich, für diese Methode, das innere Gleichgewicht zu finden, nicht so geeignet seien. Am Ende dieses angekündigten Kochseminars »Fit for life« fand doch noch eine Zubereitung statt – ein leichter Salat wurde angerichtet. Mehr hätte ich der trockenen Seminarleiterin auch gar nicht zugetraut. Doch ich wollte nicht aufgeben, jetzt schon gar nicht. Aber ich musste einige weitere Enttäuschungen einstecken, denn schon bald habe ich gemerkt, dass diese Seminare unter dem Motto »Schöner leben« oder wie alle diese verlogenen Mottos sonst heißen mögen, nur einem wirklich helfen – dem jeweiligen Veranstalter. Du bezahlst viel Geld für leere Hülsen und du gehst genauso leer aus der Veranstaltung raus, wie du hineingegangen bist – nur unbefriedigter und mit der Einsicht »veralbern kann ich mich selber«. Die Suche nach innerer Ruhe und die Sehnsucht nach dem eigentlichen Sinn des Lebens bleiben.

Nun, oft liegt das Gute doch so nah. Du musst es nur erkennen, lieber spät als nie.

Damals kam einmal pro Woche eine ältere Dame namens Hilde Steiler zu uns, um uns zu massieren. Die hat uns unser damaliger Hausarzt empfohlen und vermittelt. Wir beide, Günter und ich, waren durch unsere Arbeit im Geschäft oft sehr verspannt. Diese Masseurin, die dafür extra jede Woche vom Chiemsee nach München fuhr, nannten wir liebevoll Tante Hilde. Sie war eine Dame vom selten gewordenen alten Schlag, stets adrett gekleidet. Ihre grauen Haare hatte die kleine Frau zu einem Dutt zusammengesteckt. Während der Massagen erzählte Tante Hilde, was sie in der letzten Woche so erlebt hatte.

Tante Hilde redete gern und viel. Besonders über ihr Lieblingsthema, ihren Glauben. Sie war eine engagierte Christin. In ihrer Paul-Gerhardt-Kirchengemeinde in München arbeitete sie ehrenamtlich mit, bereitete Veranstaltungen vor und lud dazu immer wieder auch Nichtgemeindemitglieder ein. Während der Massagen erzählte Tante Hilde immer wieder von der Liebe Jesu. Es nervte mich, denn eigentlich wollte ich meine Ruhe haben und nur körperlich und nicht auch seelisch massiert werden. Irgendwie hatte ich das alles schon tausendmal gehört. Aber Tante Hilde war unbeirrbar. Das Thema »Die Liebe Jesu« kam immer wieder. Und irgendwann wurde meine Neugierde geweckt. Wenn jemand so begeistert von seinem Glauben spricht, muss mehr dahinter stecken als bloß Worte. War es nicht genau das, wonach ich mich schon so lange sehnte – nach Liebe, Geborgenheit und dem eigentlichen Sinn meines ziemlich verkorksten Lebens? Mit der Ruhe während der Massagen war es vorbei, ich wollte mehr wissen. Wie ein kleines wissensdurstiges Kind fragte ich Tante Hilde aus. Woher sie denn all das über Jesus weiß, zum Beispiel, dass er uns in unseren ganz alltäglichen Problemen helfen kann und will?

Da nahm Tante Hilde ein kleines Buch aus ihrer Tasche, eine kleine Bibel, und las mir eine Stelle vor, die unauslöschlich in mein Gedächtnis gebrannt ist: »Kommt her zu mir, alle, die ihr mühselig und beladen seid. Ich will euch erquicken« (Matthäus 11,28; Luther).

Ich hatte nie zuvor in der Bibel gelesen. Die stand zwar bei uns zu Hause im Bücherregal. Aber für mich war sie immer ein Buch mit sieben Siegeln. Ich dachte, wie wohl jeder in unserer Familie, die Bibel sei Sache des Pfarrers und seine Aufgabe, sie auszulegen. Also mehr was für Theologen. Mit steigender Bewunderung hörte ich Tante Hilde und ihren Erzählungen zu. Sie wirkte dabei so froh, so ausgeglichen. Ich beneidete sie, denn das war genau das, was auch ich wollte. Konnte es wirklich so einfach sein? Einfach an das glauben, was in diesem Buch, in der Bibel steht, und du wirst glücklich und zufrieden? Die Zweifel blieben. Obwohl ...?

Plötzlich fiel mir meine Kindheit wieder ein. Meine Schwester Evi und ich sind ja traditionell katholisch aufgewachsen. Als wir noch klein waren, wurde selbstverständlich bei Tisch gebetet. Auch abends vor dem Schlafengehen sprach die Mutti mit uns immer ein Gebet. Natürlich hatte ich damals auch schon einiges über Jesus erfahren. Aber nie so, wie es Tante Hilde jetzt erzählte. Ich wusste, dass Jesus der Sohn Gottes ist. Das haben wir ja schon im Religionsunterricht gelernt. Aber in Tante Hildes Erzählungen erschien er mir plötzlich ganz neu, so liebevoll, so fürsorglich, so nah.

Es war Ende der 80er-Jahre – Tante Hilde wohnte mittlerweile in München –, da bat sie uns zu einer Veranstaltung in die Paul-Gerhardt-Kirche. Günter und ich hatten keine große Lust hinzugehen. Wir taten es Tante Hilde zuliebe. Es waren Missionare aus Südafrika zu Gast und berichteten über ihre Arbeit. Tante Hilde hatte uns immer wieder gesagt: »Die müsst ihr unbedingt kennenlernen.«

Was wir an diesem Abend hörten, machte uns sehr nachdenklich. Es ging um ein christliches Projekt, das innerhalb von zwei Jahrzehnten so stark gewachsen ist, dass die Christen dort mittlerweile nicht nur zusammen Gottesdienste feiern, sondern Kindergärten und Schulen unterhalten, Viehzucht, mehrere Gewächshäuser und zahlreiche andere Geschäftszweige betreiben. Es war nicht so sehr der wirtschaftliche Erfolg dieses Projekts, der uns nachhaltig beeindruckte ... Wirtschaftlich erfolgreich waren wir ja schließlich auch. Es war einfach die Art und Weise, wie die Menschen von ihrem Glauben sprachen, liebevoll, unprätentiös und authentisch. Zum ersten Mal hörte ich, wie Menschen durch den christlichen Glauben von dem in Afrika stark verbreiteten Dämonen- und Hexenkult losgekommen sind, der immer wieder Menschenopfer fordert. Ich konnte einfach nachvollziehen, was sie erzählten. Selbst Günter, den damals diesbezüglich nichts so schnell beeindruckte, war erstaunt. Er hatte so was vorher noch nie gehört. Auch in unserer Kirche hatten wir von Derartigem noch nie vernommen, da hörten wir zumeist nur eine Interpretation des jeweiligen Evangeliums zum Tag. Wie kann man sicher sein, dass der Gott der Christen es gut mit uns meint? Die Missionare da vorne auf dem Podium hatten das offensichtlich erlebt. War doch etwas dran am aktiv gelebten Christsein? Nach der Veranstaltung unterhielten wir uns eine ganze Weile mit dem Leiter und Missionar der Station. Was dieser Mann uns erzählte, beeindruckte uns so sehr, dass wir beschlossen, diese Missionsstation unbedingt zu besuchen. Einige Monate später flogen wir nach Südafrika. Was wir dort erlebten, war für uns eine völlig neue Erfahrung. So wurden zu den Sonntagsgottesdiensten die Menschen aus den umliegenden Dörfern abgeholt, um dann gemeinsam in der riesigen Halle miteinander zu beten und zu singen. Und auch die Gottesdienste selbst waren für uns eine völlig neue Erfahrung: Da ging es nicht um Liturgie wie in unseren katholischen Gottesdiensten zu Hause, wo jeder Handlungsablauf festgelegt ist. In den Predigten wurden die Alltagsprobleme der Menschen angesprochen und praktische Lebenshilfe geleistet. Bei uns zu Hause dagegen geht es meist um hochtheologische Fragen und Phrasen, deren Verständnis wohl nur dem jeweiligen Prediger vorbehalten zu sein scheinen.

Für mich jedenfalls war dieser Besuch ein weiterer Grund, mich intensiver mit dem christlichen Glauben auseinanderzusetzen. Kaum zurück in München, holte ich unsere alte Familienbibel aus dem Regal und begann, darin zu lesen. Im Neuen Testament, weil ich zunächst einmal wissen wollte, wer denn dieser Jesus nun genau war. Tante Hilde hatte mir gesagt, die Lebensberichte von Jesus – die Evangelien – finde ich im hinteren Drittel der Bibel, also im Neuen Testament. Und so wurden die Gespräche mit ihr während der wöchentlichen Massagen immer intensiver.

Anders als bei allen vorangegangen Seminaren – von Bachblütentherapie bis zum Anzapfen kosmischer Energien – fühlte ich, dass ich hier auf der richtigen Spur war, nach der ich so lange gesucht hatte. Ich wurde innerlich ruhiger, fühlte mich nicht mehr so getrieben wie in der Zeit davor, so leer, so verloren, so einsam. Das lag wohl daran, dass sich mein Gottesbild in dieser Zeit grundlegend änderte. Ich sah plötzlich in Gott nicht mehr nur den hoch oben thronenden unnahbaren Richter, wie noch seinerzeit im Religionsunterricht. Ich sah immer mehr einen liebenden Vater. Das war für mich völlig einleuchtend. Wenn er uns erschaffen hat, dann muss er uns doch lieben und das Beste für uns wollen. So wie Eltern für ihre Kinder. Ich möchte für meine Kinder doch auch nur das Beste.

Schon bald genügte es mir nicht mehr, für mich allein in der Bibel zu lesen oder mich nur mit Tante Hilde auszutauschen. Ich suchte Kontakt zu anderen Christen, besuchte Gottesdienste und Themenabende in Kirchgemeinden. Immer wieder habe ich auch Günter eingeladen mitzukommen. Doch ich wusste, gut Ding braucht Weile.

Und immer wieder der Blick zurück

Es gibt keine Vergangenheit ohne Zukunft.
(Egon Friedell – österreichischer Schriftsteller)[2]

Günter – Ursachen und Wirkung

Wenn du – aus welchen Gründen auch immer – Ursachenforschung betreibst, stehst du irgendwann vor der Frage: »Was wäre gewesen, wenn ...?« Weder du noch irgendein anderer Mensch kann dir darauf eine schlüssige, eine befriedigende Antwort geben.

Wahrscheinlich hätte ich Margot nie getroffen, würde es den Münchner Fasching nicht geben. Natürlich ist er nicht vergleichbar mit dem Karneval in den rheinischen Hochburgen Köln, Düsseldorf und Mainz. Hier in München gibt es keine Karnevalsvereinssitzungen, keine Büttenreden, keine Tanzmariechen. Die Münchner schwingen im Fasching lieber das Tanzbein auf Schwarz-Weiß-Bällen in großer Abendrobe, in Smokings oder in mit Orden geschmückten Fracks, in Kostümen auf Faschingsfesten wie der »Vorstadthochzeit« oder bei den »Damischen Rittern« oder ganz traditionell in Tracht bei den begehrten, stets restlos ausverkauften und überfüllten »Filser Bällen« im Löwenbräukeller.

Damals in den 60er-Jahren war die Ballsaison für uns das Topereignis des Jahres. Diskotheken gab es nur vereinzelt und die hatten auch nicht die Faszination und den Zulauf wie heute. Man darf nie vergessen, wir lebten damals mitten im deutschen Wirtschaftswunder. Uns ging es immer besser nach den dunklen und schrecklichen Jahren des 2. Weltkrieges und den mühevollen, mageren und bitteren Nachkriegsjahren. Nach der Währungsreform hatten wir auch wieder Geld. Wir wollten uns amüsieren, wir waren hungrig nach gesellschaftlichen Ereignissen. Und wo konntest du damals die schönsten Mädels sehen? In der Prinzengarde der Münchner Faschingsgesellschaft »Narrhalla«, ausgewählt und kommandiert von der resoluten Chefin Bobby Eglinger. Dazu wurde und wird jedes Jahr ein Faschingsprinzenpaar gewählt, Seine Tollität, Prinz ..., und Ihre Lieblichkeit, Prinzessin ...

Als Mitglied im Jugendvorstand des Münchner Kaufmannscasinos wurde ich 1966 gefragt, ob ich mir vorstellen könnte, Faschingsprinz zu werden. Das war nicht nur eine Frage der Ehre, das war vor allem eine Frage des Geldes. Denn als Prinz musstest du nicht nur ein originelles Kostüm haben, sondern auch einen eigenen Orden, um ihn auf den verschiedenen Bällen und repräsentativen Veranstaltungen an Prominente und Persönlichkeiten des öffentlichen Lebens zu verleihen. Dazu kamen noch Kosten für Autogrammkarten, für Sekt und für diverse Repräsentationsverpflichtungen. Da warst du auf einen Schlag mit 30.000 DM dabei. Hört sich heute moderat an. Doch damals war das ein halbes Vermögen, dafür konntest du etwa 6 VW-Käfer oder ein Spitzenmodell von Mercedes kaufen.

Mit gehörigem Bammel und weichen Knien erzählte ich meinem Vater von dem Angebot. Zu meiner großen Überraschung war er, der sonst jeden Pfennig dreimal umdrehte, sofort begeistert. Faschingsprinz – das bedeutete enorme Werbung für unser Foto-Geschäft in der Maxburg. Nur hatten wir leider keine 30.000 DM, um diese Art der Werbung zu finanzieren. Die Amerikaner, denen wir Mitte und Ende der 50er-Jahre einen Großteil des Umsatzes verdankten, kauften nicht mehr so viel. Also, woher nehmen, wenn nicht stehlen?

Da kam mir eine großartige, clevere und für die damalige Zeit beinahe utopische Idee:»Ich lass mir mein Prinzenamt ganz einfach sponsern!« Und so schrieb ich einen ausführlichen Brief über Sinn und Zweck meines Vorhabens und schickte ihn an sämtliche Lieferanten, wie Kodak, Agfa oder Leitz, sie mögen mir die Prinzen-Ausrüstung finanzieren. Es wäre ja auch für sie gut, wenn sie an so außergewöhnlich prominenten und exklusiven Lokalitäten werben konnten. Und siehe da, Agfa sponserte das Kostüm in den Agfa-Farben blau, weiß und rot, dazu auch noch 100.000 Autogrammkarten. Besonders stolz war ich, dass der bayerische Nobelschlittenbauer BMW uns, dem Prinzenpaar, eine elegante Limousine mit Chauffeur für die gesamte Faschingssaison zur Verfügung stellte. Rollei und Kodak teilten sich die Kosten für den roten Faschingsorden mit der Aufschrift »Günter I. von der Maxburg«.

Eine feinmechanische Sensation war mein Prinzenzepter. Gesponsert von Minox verfügte der Regentenstab – à la James Bond 007 – über eine eingebaute Minox-Kamera, damals der weltweit kleinste Fotoapparat. Der Blitz versteckte sich am Ende des Zepters zwischen den geschliffenen Strasssteinen. Meine Schnappschüsse waren begehrt. So brachte die Münchner Abendzeitung (AZ) 30 Tage lang täglich ein Bild von mir unter dem Titel: »Aus der Sicht des Prinzen«. Das Honorar war wohl eher symbolisch, es betrug 10 bis 15 DM. Dafür war die Aufmerksamkeit, die ich damit geweckt hatte, enorm. In unserem Fotoladen musste ich natürlich eine Auszeit nehmen, abgesehen vom schnellen Entwickeln und Ausarbeiten meiner Minox-Bilder durch unser Fachpersonal. Der Job als Faschingsprinz war zeitaufwendig. Innerhalb von sechs Wochen absolvierte ich zusammen mit meiner Prinzessin Annemarie 136 Auftritte, das waren im Schnitt drei Auftritte pro Tag. Wir waren beim Kaninchenzüchterverein, in Altenheimen und Krankenhäusern, in Kinderkliniken und -tagesstätten und natürlich bei den großen Bällen im Deutschen Theater, im Hotel »Regina«, im »Bayerischen Hof« und in zahlreichen anderen Sälen in und um München. Als offizielle Repräsentanten unserer Stadt München traten wir überdies in Köln und Augsburg auf, um nur zwei Städte zu nennen. All diese Auftritte waren letztendlich sehr vorteilhaft für mich, weil ich vielen wichtigen Menschen begegnet bin, Politikern ebenso wie Künstlern, etwa den berühmten Kessler-Zwillingen, Alice & Ellen, Schlagerstars wie Rex Gildo und Roy Black, Filmstars wie Ruth Leuwerik, Pierre Brice, Horst Buchholz oder Heidi Brühl. Das Prinzenpaar wurde gerne zu den Leuten an den Tisch gebeten zu einem Glas Sekt. Man wechselte ein paar Höflichkeiten und machte sich so miteinander bekannt. Das hat mir im Laufe meines Berufslebens hin und wieder sehr geholfen.

Leider war diese turbulente und abwechslungsreiche Faschingsregentschaft für mich viel zu schnell vorbei. Aber ich blieb dem Münchner Fasching treu, jetzt als Elferrat der Münchner »Narrhalla«. Wir hatten unter anderem jedes Jahr die Aufgabe, einen neuen Faschingsprinzen und eine neue Faschingsprinzessin zu nominieren. Das Schicksalsjahr für mich war 1968. Da stellte sich ein gerade mal 19-jähriger Teenager als Kandidatin für die Faschingsprinzessin vor. Dabei hatte sie sich gar nicht um das Amt gerissen. Doch ihr Vater Friedrich Jahn, damals bereits der berühmte Hendl-König vom »Wienerwald«, meinte, seine älteste Tochter Margot würde dadurch reifen und ihre Scheu vor öffentlichen Auftritten verlieren.

Am 11. November 1968 wurde sie bei einer großen Gala im »Regina«-Hotel als neue Faschingsprinzessin »Margot I. vom Münchner Olymp« vorgestellt. An diesem Montag hat sie mich zum ersten Mal bewusst wahrgenommen. Liebe auf den ersten Blick? Ich weiß es nicht. Ich glaube eher nicht. Liebe muss langsam, behutsam wachsen. Aber dieses frische, junge, etwas schüchterne Mädchen hat mir sofort gefallen: ihr lustiges Lachen, ihre schalkhaften Augen, ihr österreichischer Charme. Ich musste sie kennenlernen. Doch das war schwieriger, als ich dachte. Denn Margot war nicht nur eine Perfektionistin, sie war auch unheimlich diszipliniert. Nach dem Ende des offiziellen Ballprogramms ließ sie sich immer gleich ins Hotel fahren. Man sah sie nie, weder an einem Tisch ein bisschen plaudern, noch an einem anderen ein Glas Sekt trinken. Eine schwierige Ausgangslage für mich. Aber das reizte mich noch mehr. Ich kannte ihr Hotel, das Hotel »Regina«. Und das lag in unmittelbarer Nähe unseres Fotogeschäfts in der Maxburg. »Frisch gewagt ist halb gewonnen.« Also rief ich, so oft es ging, die junge Faschingsprinzessin schon früh morgens an, um ihr einen guten Tag zu wünschen. Den genauen Zeitpunkt konnte ich leicht feststellen. Wenn ich vor unser Geschäft trat, konnte ich ganz genau sehen, wann sie die Jalousien an ihrem Fenster hochzog. Auf diese Momente hatte ich gewartet. Es war Romantik pur.

Doch sämtliche romantischen Gefühle helfen nicht, wenn du mit deinem Objekt der seelischen Begierde – außer am Telefon – nicht eine Minute allein sein kannst. Margot war fast rund um die Uhr in Begleitung – wenn nicht von ihrem gesamten Hofstaat, dann zumindest von ihrem Prinzen Uli. Und der war richtig eifersüchtig: »Wenn man schon ein Prinzenpaar ist, dann muss man auch alles zusammen unternehmen, auch solche Termine, die gar nicht zu unseren offiziellen Auftritten gehören.«

Nun hatte ich herausgefunden, dass Margot an manchen Nachmittagen frei von Terminen war, um sich auszuruhen. Und da nutzte ich einen dieser Nachmittage für einen spontanen Besuch: »Heut entführ ich dich.« In einem Vorort von München – in Massenhausen – fand ein traditionelles Kesselfleischessen statt. Dort wollte ich mit Margot hin. Pflichtbewusst, wie sie war, fragte sie zuallererst, ob denn Uli, ihr Faschingsprinz, Bescheid wisse. Es war sicher nicht die erste, aber es war die vielleicht folgenreichste Notlüge meines Lebens. Mit dem Brustton der Überzeugung flunkerte ich, dass der Uli selbstverständlich im Bilde sei und nichts dagegen habe. Was tut man nicht alles, um mit dem Geschöpf seiner Träume, wenn auch nur für kurze Zeit, wenigstens auf der Fahrt dorthin ungestört allein zu sein.

Unsere Autofahrt dauerte knapp eine Stunde. Wir unterhielten uns lange ausführlich, amüsant und sehr intensiv. Mehr nicht, wirklich nicht. Der erste Kuss? Auf den sollte ich noch eine ganze Weile warten müssen. Wir verbrachten also einen sehr kurzweiligen Nachmittag in Massenhausen. Doch es kann der Frömmste nicht in Frieden leben, wenn ... usw., usw.

Was wir nicht ahnen konnten, es waren Presseleute da. Die hatten irgendwie spitzgekriegt, dass die Münchner Faschingsprinzessin mit einem ehemaligen Faschingsprinzen und jetzigen Elferrat zum Kesselfleischessen geht. Nur, wo ist der Prinz? Das war natürlich für die Klatschreporter ein gefundenes Fressen. Besonders einer war über die Story not amused: Prinz Uli. Für Margot war das natürlich ziemlich unangenehm. Ich dagegen konnte mit dieser spontanen Werbeaktion sehr zufrieden sein. Und schon ein paar Wochen später nach intensivem Liebeswerben kam die erste Verabredung zum Abendessen. Wo? Natürlich im »Wienerwald« – wo sonst!

Margot – Ein Song: »Yesterday ...«

Wieder einmal Zeit vergeudet mit einer für mich nutzlosen Podiumsdiskussion über angeblich christliche Lebensbewältigung. Ich stieg richtig frustriert an diesem Freitagabend in meinen Wagen. Vielleicht würde mich das Radio auf andere Gedanken bringen. Um diese Zeit lief in Bayern 1 eine unserer Lieblingssendungen: »Gute Nacht, Freunde«. Die vertraute Stimme des Moderators war sehr beruhigend in meinem aufgewühlten seelischen Zustand. Ah, die Beatles. »Yesterday ...« Dieser Ohrwurm traf genau meine Stimmung:

Yesterday, all my troubles seemed so far away,
now it looks as though they're here to stay,
Oh, I believe in yesterday.

(Gestern, da waren mein Kummer und meine Sorgen noch unsagbar weit. Nun scheint es, als blieben sie mir immer nah. Oh, ich hänge am Gestern.)

Plötzlich sehe ich mich wieder – grad einmal sechs – mit meinen Eltern und meiner Schwester Evi in unserer neuen, zweiten Wohnung in München. Der Paps konnte das Haus in der Amalienstraße, in dem unser erster »Wienerwald« war, im November 1955 relativ preisgünstig erwerben und dort im ersten Stock hatten wir dann unser Heim. Zwar lag unser Wohnhaus relativ zentral, zur Schule hatten wir bloß ein paar Meter, aber zum Spielen gab es für uns nur einen winzigen Hinterhof, auf dem wir uns zwischen Aschentonnen die Zeit vertrieben. Der Hof war ringsumher so zugebaut, dass man den Himmel nur sah, wenn man direkt nach oben blickte.

Unser erster »Wienerwald« in München war aber bald so lukrativ, dass unser Vater weitere Lokale eröffnen konnte, so in Stuttgart, in Augsburg und in Niederpöcking am Starnberger See. Und grad dieser »Wienerwald« in Niederpöcking war für Evi und mich wie ein Paradies. Es war, wie wenn man aus einem grauen Gefängnis in die Freiheit geht. Ein freistehender Gasthof inmitten von bunten Wiesen und grünen Wäldern. Vogelgezwitscher und rauschende Blätter im Wind. Hier konnten wir nach Herzenslust herumtollen und durften alleine mit den Nachbarskindern im Wald spielen. Ich werde nie diese duftenden Blumenwiesen vergessen – die eine nur mit Maiglöckchen, die andere nur mit Enzian – blau wie ein Teppich. Das war für uns Kinder wie im Märchen, wie im Regenbogenland. Damals hatte uns der Paps mit Fahrrädern überrascht und so konnten wir viele Radltouren unternehmen. Die eindeutig bessere Fahrerin war ich – und mächtig stolz darauf. Die Evi dagegen hatte das Talent, dass sie auf einem breiten Weg mit links einer Wiese und rechts mit Brennnesselstauden garantiert in den Brennnesseln gelandet ist. Für mich stand damals fest, dass auch Fähigkeiten wie das Radlfahren vererbt werden – wenn ich da an unsere Mutti denk und ihre nicht immer pannenfreien Suppentransporte in zwei Milchkannen von unserer Wohnung in der Mauerkircherstraße mit dem Radl durch den Englischen Garten bis zum »Wienerwald« in der Amalienstraße ...

Ja, und sonntags gingen wir, die Evi und ich, gemeinsam mit den Nachbarskindern zur Kirche ins fünf Kilometer entfernte Starnberg. Die Eltern mussten im Lokal bleiben, aber sie legten Wert darauf, dass wir Kinder regelmäßig am Gottesdienst teilnahmen. Und wir gingen gern, besonders wegen der – heute eher harmlosen – Streiche, die wir auf dem Heimweg unbeobachtet von Erwachsenen spielen konnten. Es wohnten schon damals viele reiche Leute in diesen wunderschönen, riesigen Villen inmitten großer Gärten. Wir leisteten uns immer den Spaß, an den Gartentoren zu klingeln, um uns dann ganz schnell zu verstecken. Wir hatten eine diebische Freude, wenn die Besitzer herauskamen, niemanden sahen, der geklingelt hatte, und dann so richtig zu schimpfen anfingen: »Lausbuam, ihr verreckten! Na, wart's nur! Wenn ich euch erwisch, dann setzt's was! Die Watschn wart schon auf euch!« – So und ähnlich waren die Kommentare. Für die Evi und mich war's eine besondere Genugtuung, dass die Leut' immer der Meinung waren, es könnten nur »Lausbuam« gewesen sein.

Es war eine unbeschwerte Zeit. Nur wenige hundert Meter von unserem Lokal entfernt lag der Starnberger See. Im Sommer, brummte das Geschäft. Viele, viele Münchner kamen luft- und wasserhungrig zum See. Viele kehrten natürlich im »Wienerwald« ein. Einer der Gründe war Mutti's Erdäpfelsalat – angemacht mit Hendlsuppe und nicht mit Rinderbrühe, wie in der oberbayerischen Küche üblich, passend zum knusprigen Grillhendl – und danach ihre selbstgebackenen Kuchen und Torten, die waren ein absoluter Renner. Das wusste auch der ehemalige letzte Thronfolger der k.u.k. Monarchie, Erzherzog Otto von Habsburg, sehr zu schätzen, der gern mit seiner Familie zu uns zum Essen kam.

Wir Schwestern bedienten oft am Wochenende im Lokal. Das war für uns etwas ganz Besonderes, weil wir als Kinder die gleichen Dirndln tragen durften wie unsere Bedienungen – rosa-weiß kariert mit hellblauer Schürze. Ich seh' uns noch heute, wie wir damit rumgelaufen sind. Das Bedienen war nicht nur Spaß an der Freude, es brachte uns auch was ein. Da gab's ein »Zehnerl« Trinkgeld, da vielleicht gar ein »Fufzgerl« oder manchmal sogar ein Mark-Stückl. Die größte Belohnung aber war für uns nicht so sehr das Trinkgeld, sondern – wie hätte es auch anders in einem »Wienerwald« sein können – ein Hendl. Die Evi und ich bekamen jeden Tag ein halbes Hendl zu essen. Das war für uns die größte Freude. Denn ein Hendl war zu der damaligen Zeit wirklich nichts Alltägliches, das war ein Sonn- und Feiertagsessen. Wir teilten uns das halbe Hendl. Ich hatte lieber das Bruststück, die Evi lieber das Hendlhaxl. Das ist bis heute so geblieben. Wenn wir irgendwo Hendl essen, teilen wir uns das heute noch genau so auf wie damals als Kinder. Das Hendl ist bis heute mein Lieblingsgericht geblieben. Mindestens einmal in der Woche krieg ich ganz plötzlich Appetit darauf. Dann steig ich ins Auto, fahr zum nächsten »Wienerwald« und komm mit einem knusprigen Hendl und der Vorfreude auf diesen Genuss zurück. Aber ich koch auch gern, österreichisch, Steirisches Wurzelfleisch, Saftgulasch oder Kaiserschmarrn mit Zwetschkenröster, manchmal auch einen Rheinischen Sauerbraten aus dem Kochbuch meiner Schwiegermutter.

Ich denk immer wieder mit Freude an unsere Kindheit zurück. Es war uns egal, ob wir reich waren oder nicht, Hauptsache die Eltern waren da und haben uns umsorgt. Auch wenn eins ums andere Mal ein kräftiges Machtwort fällig war. Und so kann ich mich an meine erste Watschn, an die erste Ohrfeige, ganz genau erinnern. Der Paps kam eines Abends, es war noch in die Mauerkircherstraße, mit einem Stück Fleisch nach Hause. Das gab es damals bei uns äußerst selten, weil es so teuer war. Die Mutti hat es sorgfältig zubereitet. Aber ich sah gleich, dass an dem Fleisch ein dicker Fettrand war. Davor hat's mir schon als Kind gegraust. Also, ich weigerte mich mit Händen und Füßen, ein Stück zu essen. Darüber wurde der Paps so fuchsteufelswild, dass es eine ziemlich heftige Watschn setzte. Aber gegessen hab ich es trotzdem nicht. Ich konnte mich einfach nicht überwinden.

Trotz aller notwendigen Strenge hatten die Evi und ich ein sehr gutes, liebevolles Verhältnis zu unseren Eltern, wenn auch ein unterschiedliches. Unsre Mutti, die ja immer da war und uns erzogen hat, musste natürlich konsequenter sein. Unser Vater war dagegen für uns ein ganz besonderer Mensch, weil er wohl so selten daheim war und wir ihn so selten hatten. Aber dann ganz in seiner Nähe zu sein, war das Allergrößte. Wenn wir am Sonntagmorgen im Bett unter seine Decke durften – die eine links, die andere rechts – war die Welt in Ordnung. Es waren nicht die materiellen Dinge, mit denen er uns damals verwöhnte, sondern damit, dass er immer Zeit für uns hatte, bevor er wieder für Tage wegfuhr.

Gern und so oft wie möglich ging er mit uns in den nahen Englischen Garten. Dort steht noch heute ein kleines, wunderschönes, altes Karussell mit nostalgischen Figuren, Pferden, Kutschen, Autos, Feuerwehrwagen. Wir durften dann immer eine Runde, manchmal sogar zwei Runden fahren. Aber der Paps nahm uns auch regelmäßig nachmittags mit aufs Oktoberfest. Was für ein Fest für unsere großen, neugierigen Kinderaugen! Allerdings – eine Fahrt mit dem Riesenrad etwa war zu dieser Zeit nicht drin Alles durften wir uns anschauen, aber gekriegt haben wir nichts. Dafür reichte einfach das Geld nicht, das wurde für den Aufbau des Geschäfts bitter benötigt. Damals ahnten wir noch nicht, dass solche Entbehrungen schon bald Vergangenheit sein würden. Denn unsere »Wienerwald«-Lokale entwickelten sich langsam, aber stetig zu einer Erfolgsstory.

Natürlich hatte sich der Paps Söhne gewünscht, Stammhalter. Also war ich die erste Enttäuschung und meine Schwester Evi die zweite. Jetzt hatte er daheim ein »Drei-Mäderl-Haus«. Die Gastronomie war zwar nie mein Traumberuf, aber wenn du einen Vater mit einer solchen Autorität hast und ihn auch noch über alles liebst, dann musst du ihn nach Kräften unterstützen.

Meinen 16. Geburtstag werde ich nie vergessen. Den feierten wir, meine Eltern, die Evi und ich, im April 1965 in der Stadt, die niemals schläft, im Big Apple, in New York im legendären, noblen »Waldorf-Astoria Hotel«. Dort wurde im Herbst 1964 ein »Wienerwald« eröffnet. Die entscheidenden Gespräche darüber hatte der Paps, der Hendlkönig Friedrich Jahn, wie er allseits apostrophiert wurde, persönlich mit dem Hotelkönig Konrad Hilton in dessen Haus in Santa Monica im sonnigen Kalifornien geführt. Unser »Wienerwald« in der exklusiven Nobelherberge wurde zum Premium-Lokal und so gut angenommen, dass dort schon bald Stars und Sternchen, Politiker und Wirtschaftsbosse zu Stammgästen wurden. Marilyn Monroe, Liz Taylor und Grace Kelly, Präsident Richard Nixon und John D. Rockefeller haben sich im Gästebuch ebenso verewigt wie der damalige deutsche Bundeskanzler Willy Brandt und der spätere bayerische Ministerpräsident Franz-Josef Strauß.

Für den »Wienerwald« gab es in den 60er Jahren nur eine Richtung: steil nach oben. Alle Zeichen standen auf Erfolg – und das weltweit. Allein in New York City hatten wir Ende der 60er-Jahre zehn »Wienerwald«-Betriebe an so prominenten Stellen wie am Times Square, auf dem Broadway oder in der Nähe des UNO-Hauptquartiers. Und es gab auch noch jede Menge Prestige-Aufträge wie die Betreuung des Österreichischen Pavillons auf der Weltausstellung in Montreal 1967. Dort durfte oder musste ich – gerade 18 Jahre alt – die Verantwortung übernehmen. Damit war mein beruflicher Weg endgültig vorgezeichnet. Ich entwickelte einen enormen Ehrgeiz und lebte nur noch für unser Geschäft. Ich wollte meinem Vater ganz einfach beweisen, dass eine Tochter genauso viel leisten kann wie ein Sohn.

Nun hatte ich immer schon – nicht nur damals – Scheu vor öffentlichen Auftritten. Ich war eher schüchtern und stand am liebsten in der zweiten Reihe. Schon in der Schule hatte ich ungeheures Lampenfieber, wenn ich vor der Klasse ein Gedicht aufsagen oder ein Lied singen musste. Das änderte sich auch später nicht. In der Hotelfachschule empfand ich es fast als Bestrafung, mich vor die anderen hinzustellen und ein Projekt zu erklären. Am schlimmsten aber war es, wenn ich als »Jahn-Tochter« vorgestellt wurde. Ich wollte nicht bevorzugt behandelt werden, nur weil ich einen berühmten Vater hatte. Ich arbeitete ja bereits in unserem Familienunternehmen »Wienerwald«. Mein Arbeitstag war in der Regel 14 Stunden lang. Im Bett war ich selten vor ein Uhr nachts und um sieben Uhr früh läutete bereits der Wecker. Für mich war nur die Arbeit wichtig. Da war ich wie mein Vater. Und der stand mir mit seiner großen und langjährigen Erfahrung immer mit Rat und Tat zur Seite. Im Februar 1968 übertrug er mir die Leitung des Gastronomiebereiches im kurz zuvor eröffneten Münchner Olympiaturm. Das war damals nicht nur für München eine Sensation, ich meine das Restaurant – in 182 Metern Höhe. Die Menschen rannten uns förmlich die Türen ein. An den 230 Plätzen konnte man nicht nur gut essen, man hatte vor allem einen fantastischen Rundblick auf München und sein Umland. An klaren Tagen konnte man die Alpen sehen. Das Restaurant drehte sich durch einen komplizierten Mechanismus in 49 bzw. 70 Minuten einmal um die Turmachse. Sicher keine Geschwindigkeiten, die einem den Atem stocken ließ. Trotzdem kam es immer mal vor, dass einem Besucher schwindlig wurde. Manche fragten uns dann auch nach dem Alkoholgehalt des Biers, weil sie meinten, sie hätten zu viel getrunken. Da haben wir die Leute halt im Aufzug bis nach unten begleitet. Rauf oder runter, das dauerte knapp eine halbe Minute. Zu Fuß musste man 1.230 Stufen bewältigen, das war dann schon eine Frage der Kondition. Blieb einer der beiden Aufzüge einmal stecken, was hin und wieder passierte, so rief der jeweilige Aufzugführer den anderen Lift auf die gleiche Höhe, und in einer spektakulären filmreifen Aktion mussten die Passagiere über eine Leiter aus der einen Gondel oben hinausklettern und dann in die andere Gondel einsteigen. Für alle Fälle hab ich dann die Prüfung für den Aufzugsführerschein absolviert. Sicher ist sicher. Das Restaurant im Olympiaturm wurde binnen kürzester Zeit zum Renner und mein Vater war sehr stolz auf mich. Aber ich mochte es überhaupt nicht, wenn er mich bei Jubiläen oder Neueröffnungen auf die Bühne holte, um mich vorzustellen. Das Rampenlicht habe ich immer gescheut. Aber Paps meinte, in meiner Position müsste ich einfach lernen, vor Leuten zu sprechen und mich öffentlich zu präsentieren. Ohne mich vorher zu fragen, griff er zu einer List: Man erzählte ihm, dass die Münchner Faschingsgesellschaft Narrhalla eine Faschingsprinzessin sucht und – spontan wie er nun einmal war – meldete er mich kurzerhand an. Ich hab mich zunächst massiv dagegen gesträubt. Auch die Mutti war nicht sehr begeistert. Doch der Paps hat es dann wieder einmal geschafft, uns zu überzeugen, dass das Amt der Faschingsprinzessin nicht nur für das Geschäft, sondern auch für meine Karriere und mein weiteres Leben von großer Bedeutung wäre. Wie genau konnte damals niemand ahnen. Und dann hab ich mich ihm zuliebe dafür entschieden. Das ist halt so, wenn du einen starken Vater hast, den du liebst.

An einem Novemberabend, 1968 war's, da wurde ich als neue Faschingsprinzessin, Ihre Lieblichkeit »Margot I. vom Münchner Olymp«, zum ersten Mal vorgestellt. Unter den Offiziellen der »Narrhalla« war auch ein gewisser Günter Steinberg. Ich hab an diesem Abend sehr viele Persönlichkeiten getroffen, aber der Günter ist mir sofort aufgefallen. Er war sehr höflich und hilfsbereit. Das hat mir imponiert. Liebe auf den ersten Blick? Nein, Liebe auf den ersten Blick war es nicht. Es lag wohl daran, dass alles für mich neu war und ich das Amt der Faschingsprinzessin genauso ernst nahm wie meine Aufgaben im Unternehmen. Ich wollte auch beim Fasching alles richtig machen. Eine Perfektionistin halt. Ich dachte nicht eine Sekunde daran, dass ich hier den Mann fürs Leben treffen könnte. Dafür gab es viel zu viel zu tun. Zum Beispiel die Vorbereitung meiner Reden für die verschiedenen Bälle. Die konnte ich nicht schnell auf einen Bierdeckel schreiben. Also bat ich den damals berühmten Münchner Kabarettisten Emil Vierlinger, mir zu helfen. Er tat es und nicht eine der Reden wiederholte sich. Für jeden Auftritt fiel ihm was Neues ein. Ich erinnere mich noch, dass ich die hochkarätigen Gäste auf dem Presseball 1968 – einem der klassischen »Schwarz-weiß-Bälle« – mit folgenden frechen Versen überraschte:

Liebe Närrinnen und Narren!
Was beim Friseur ich aufg'schnappt hab, ist wirklich ein Skandal.
Der steifste Ball in München sei jed's Jahr der Presseball.
Doch heut da hammer's schwarz auf weiß, des is a übles G'red,
des stimmt so wenig wie oft des, was in der Zeitung steht.
Ich fühl der Presse mich verbunden, nämlich durchs liebe Federvieh.
Was Zeitungsenten sein für euch, des san die Brathendln für mi.
So lasst nun Brust an Brust uns pressen und drücka noch und noch,
die Pressefreiheit an dem Abend, sie lebe dreimal hoch.
Die Nacht wird heiß, die Nacht wird toll,
drum geb ich's jetzt zu Protokoll:
So wie der Bayer Hopf und Gerste –
liebt alle euch Margot die Erste.

Wenn ich jetzt so drüber nachdenke, ich war ganz schön mutig damals. Ich weiß nicht, ob ich mich heute noch trauen würde, solche Verse vorzutragen. Doch letztendlich hat mir die Zeit als Faschingsprinzessin sehr viel Spaß gemacht. Aber noch mehr meinem Vater. Er hatte damals schon internationale Geschäftsbeziehungen. Und weil fast gleichzeitig in Rio de Janeiro ein dreitägiges Bierfest stattfand, dem eine Bierkönigin vorstehen musste, schlug der Paps mich als Kandidatin vor. Das Ergebnis: Ich regierte drei Tage lang in Rio als »Miss Henninger«.

Was einem so alles wieder zu Bewusstsein kommt, was plötzlich in die Gegenwart zurückkehrt, wenn die Gedanken in der Vergangenheit auf Reisen gehen.

Ich war gerade 19 Jahre, hatte schon einiges von der Welt gesehen. Aber so richtig unter die Haut war mir unser Prinzenpaarauftritt in einem Pflegeheim in der Kurzstraße gegangen. Dort gab es ein Heim für körperbehinderte Menschen. Fast alle saßen in Rollstühlen. Manchen fehlten Arme oder Beine. Sie konnten sich kaum bewegen. Nun tanzten wir normalerweise bei einem Besuch immer unseren Prinzenwalzer. Für mich war das eine schreckliche Vorstellung, zu tanzen, während sich die Menschen dort nicht einmal richtig bewegen konnten. Doch als wir zu tanzen begannen, waren alle so begeistert, dass die einen anfingen, mit ihren Rollstühlen zu hüpfen, andere versuchten, in die Hände zu klatschen und wieder andere riefen nach einer Zugabe. Das ging mir dermaßen nahe, dass ich noch heute, wenn ich daran denke, eine Gänsehaut kriege. Ähnlich berührend waren die Kinderbälle in Kindergärten, Schulen und Heimen. Ich werde nie die Gesichter der Kinder vergessen – besonders der Mädchen, die dachten, ich sei eine wirkliche Prinzessin. Die kannten sie nur aus Märchenbüchern und Kinderfilmen. Plötzlich stand da eine lebendige Prinzessin vor ihnen, deren Kleid sie anfassen konnten, die Krone, den Schmuck, ihre Hand. Diese kindliche Begeisterung hat mich zutiefst und nachhaltig berührt. Damals reifte bei mir der Entschluss, später, wenn es mir finanziell irgendwie möglich ist, sozial schwachen und kranken Kindern zu helfen – mit einer Stiftung zum Beispiel. Davon hab ich Günter, der in seinem Werben und in seinen Bitten um ein Rendezvous sehr hartnäckig war, bei unserem ersten gemeinsamen Abendessen im »Wienerwald« erzählt. Ich musste anscheinend alles sehr bildlich, ausführlich und dramatisch erzählt haben, denn Günter war sehr gerührt, und ich glaub, er hatte sogar eine Träne im Auge. Hat mir sehr imponiert. Aber die Zeit war noch nicht reif für uns und für eine gemeinsame Zukunft. Auf mich warteten Arbeit und Verantwortung für unsere Betriebe, auf Günter sein Vater und »Foto Steinberg« in der Maxburg.

Plötzlich hör ich wieder mein Autoradio und die letzten Zeilen des Oldies:

Yesterday, love was such an easy game to play, now I need a place to hide away, oh, I believe in yesterday ...

Ich war zurück im Heute. Das Gestern lag weit hinter mir. Ich war wieder in der Gegenwart angekommen. Keiner allzu schönen Gegenwart.

Das Leben –
Wechselspiel der Gefühle

Das Schicksal lässt seinen Lieblingen alles zum Vorteil gereichen.
(François de la Rochefoucauld – französischer Schriftsteller)

Günter – »Sous le ciel de Paris ...«

Aktuelle Ereignisse, die mich betreffen, die ich mitverschuldet habe, zwingen mich stets dazu, die Vergangenheit zu kontaktieren. So weiß ich bis heute nicht, war es Zufall oder hatte jemand nachgeholfen, dass unsere zunächst lockere Beziehung einen kräftigen Schub bekam. Nach all der Hektik des Faschings von 1969 und den kurzen Treffen zwischen Margots Auftritten als Faschingsprinzessin und ihrem Engagement im Olympiaturm wollten wir uns doch irgendwie näher kennenlernen. Allzu viel wussten wir bis dahin ja nicht voneinander. Gut, sie wusste, dass ich Fotohändler war, ich wusste, in welcher großen Verantwortung sie in dem damals schon international renommierten und weitläufigen Betrieb »Wienerwald« stand. Und so sahen wir uns nur selten.

Da bot sich plötzlich eine überraschende Möglichkeit. Eines Tages kam der Werbeleiter des »Wienerwald«-Konzerns auf mich zu und fragte mich, ob ich als Mitinhaber eines renommierten Fotofachgeschäfts nicht einen guten Fotografen wüsste für eine Reportage über die »Wienerwald«-Filialen in Holland. »Wienerwald« hatte zu dieser Zeit bereits eine eigene Gästezeitschrift, die in den Lokalen ausgelegt wurde. Darin wurden regelmäßig die Länder vorgestellt, in denen die Restaurantkette Filialen hatte.

Ich wusste, dass Margot gerade in den Niederlanden zu tun hatte. So hab ich mich kurzerhand selbst angeboten. Mein Vater gab mir großzügigerweise Urlaub. Der Clou war, dass ich als gelernter Fotofachhändler noch nie für eine professionelle Fotoreportage Bilder gemacht hatte. Abgesehen von den James-Bond-Fotos als Faschingsprinz mit meiner Zepter-Minox. Aber das war mir in diesem Augenblick egal. Ich konnte mir doch nicht die einmalige Chance entgehen lassen, eine Woche lang in Margots Nähe zu sein. Schließlich war es das erste Mal, dass wir beide länger als nur ein paar Stunden offiziell zusammen sein konnten. Trotz eines total verliebten Amateurfotografen wurde die Reportage für die Gästezeitschrift ein Erfolg und Lob dafür gab es vom »Wienerwald«-Pressechef höchstpersönlich.

Aber es lief immer noch nicht ganz nach meinen Wünschen und Vorstellungen. Denn im Herbst 1969, sechs Monate, nachdem sie für Holland, Belgien und Italien die Verantwortung übernommen hatte, wurde der Margot die Leitung des »Wienerwald« in Paris übertragen. Für das Unternehmen, das mittlerweile zahlreiche Filialen in vielen Teilen der Welt hatte, war Paris so etwas wie ein Kronjuwel, ein Premium-Restaurant. Hendl-König Friedrich Jahn charterte eine Maschine und flog von München mit Familie, Freunden und Journalisten nach Paris, um die Eröffnung gebührend zu feiern. Die Eröffnung wurde ein fulminantes Spektakel. Es spielte eine österreichische Blaskapelle. Die Bedienungen trugen standesgemäß Dirndl. So was hatte die Stadt an der Seine bislang noch nicht gesehen. Es kam zu einem riesigen Auflauf. Die Menschen standen Schlange. Es gab damals nicht nur Hendln, es gab auch Lachs, Austern und Muscheln. Diese Meeresfrüchte allerdings nur zur Eröffnung. Als Freund der

Familie und akkreditierter »Wienerwald«-Fotoreporter durfte ich mit in die Sondermaschine.

In Paris war der größte und der vielleicht schönste Auslandsbetrieb innerhalb des »Wienerwald«-Konzerns mit 180 Plätzen und 55 Mitarbeitern. Das typisch alpenländisch eingerichtete Restaurant befand sich am Boulevard Montmartre 21 – in unmittelbarer Nähe der Pariser Oper. Um möglichst viel Zeit mit Margot verbringen zu können, flog ich jedes zweite Wochenende nach Paris. Meist erst am Samstagnachmittag, weil mein Vater mich bis Mittag unbedingt in unserem Geschäft haben musste. Und am Sonntagabend ging's wieder zurück nach München. Ob sich das gelohnt hat, für einen Tag nach Paris zu fliegen? Ich habe keinen Augenblick, keine Sekunde bereut.

Margot holte mich fast immer vom Flughafen Orly ab. Charles de Gaulle war damals erst in Planung. Bei meinem ersten Besuch dachte ich an ein gemeinsames wunderbares romantisches Wochenende. Wenn du von München nach Paris fliegst, um deine Freundin zu sehen, dann denkst du nur romantisch. Ich wollte mit Margot auf den Eiffelturm, die Champs-Elysées, wollte eine Bootsfahrt auf der Seine machen, in eines der berühmten Pariser Restaurants exklusiv speisen gehen. Mit diesen Vorstellungen flog ich voller Vorfreude los. Doch allzu schnell musste ich merken, dass man selbst in Paris nicht nur von Luft und Liebe leben kann. Samstagabend lief wie überall in der Gastronomie auch im »Wienerwald« das Hauptgeschäft. Der Laden brummte und da konnte die Chefin unmöglich fehlen. Natürlich war ich darüber nicht erfreut. Allein wollte ich mir Paris auch nicht anschauen, also machte ich die Not zur Tugend und bot der Margot an, ihr im Restaurant zu helfen.

Ich hatte überhaupt keine Erfahrung mit Gastronomie, aber ich konnte ziemlich gut französisch. Ich hatte die Spra-

che drei Jahre lang in der Schule gelernt und später in Abend-
kursen perfektioniert, ebenso italienisch wegen der vielen
Touristen, die bei uns, bei »Foto Steinberg«, damals einkauf-
ten. Also hat mir die Margot kurzerhand den Empfang und
die Betreuung der Gäste übertragen. Es war für mich ein un-
glaubliches, bisher nicht gekanntes Erlebnis, wie die Pariser
den »Wienerwald« angenommen hatten. Sie standen regel-
recht Schlange und warteten manchmal bis zu einer Stunde,
um einen Platz zu bekommen. Was für eine Schlagzeile : »Der
Münchner Fotohändler als Empfangschef im Pariser ›Wienerwald‹«! Ja, wenn die Liebe Regie führt ...

Natürlich hatten wir auch Zeit füreinander, meistens
nachts gegen eins, da war es schon ruhiger und die Chefin
nicht unbedingt mehr vonnöten. Wir gingen dann meist noch
auf ein Glas Wein in unser Lieblingsrestaurant »*Au Pied de
Cochon*« an den alten Markthallen. Das hatte, wie viele Lokale
in diesem Viertel, rund um die Uhr geöffnet, mit typisch französischer Küche, für uns eine willkommene Abwechslung
zum österreichischen Hendl. Praktisch war auch, dass sich
Margots Pariser Wohnung direkt über dem »Wienerwald« befand. So gab's halt doch eine kleine Mütze Schlaf mehr. Lange ausschlafen war nicht drin, pünktlich um sechs kam die
Putzfrau und der mussten wir das Lokal aufsperren. Doch so
hatten wir den ganzen Vormittag für uns und für Paris.

Das ist unauslöschlich in meiner Erinnerung, weil es die
Zeit war, in der ich zum ersten Mal aktiv und intensiv mit
der Gastronomie in Kontakt kam, und weil es die Zeit war,
in der wir beide merkten, dass wir sehr gut zusammenpassen,
dass wir auf gleicher Wellenlänge harmonieren.

Um in Paris noch etwas mehr Zeit füreinander zu haben,
entschloss ich mich einmal, nicht am Sonntagabend, sondern
erst am Montagmorgen mit der ersten Maschine nach München zu fliegen. Was ich allerdings nicht bedachte, war, dass

zu dieser frühmorgendlichen Stunde die Straßen vom Berufs-verkehr heillos verstopft waren. Und so kam es, wie es kommen musste, ich verpasste den Flieger. Die Katastrophe war perfekt, denn im Geiste sah ich meinen Vater bereits durch unser Geschäft toben, weil der Herr Sohn nicht, wie versprochen, um neun Uhr hinterm Ladentisch stand. Diese Situation konnte nur eine Person retten, die Margot mit ihrem herzlichen Charme. Sie rief meinen Vater an, erklärte ihm die Lage. Er war zwar nicht erfreut, aber letztendlich doch einsichtig. Die entgangenen Arbeitsstunden musste ich dann in Form von Überstunden ableisten. Da kannte mein Vater kein Pardon.

Sechs aufregende und wunderschöne Monate lang dauerte unser »Paris Abenteuer«. Bis heute ist sie für uns eine besondere Stadt, immer eine Reise wert und auch eine wichtige Station auf dem Weg, unsere Liebe wieder zu erneuern.

Abgesehen davon, war Paris für mich entscheidend für den Einstieg in die Gastronomie. Bis dahin verstand ich darunter nur, gut zu essen und zu trinken – oder auch nicht. Ich hatte keine Ahnung, wie man mehrere Teller gleichzeitig trägt, das Besteck richtig auflegt, die Gläser stellt, kurz wie man einen Tisch korrekt eindeckt. Paris war sozusagen mein gastronomischer Kindergarten.

Und dann stand ich unweigerlich vor der Wahl, in unserem Fotogeschäft weiterzuarbeiten oder in der Gastronomie völlig von vorn anzufangen. Da war überraschend mein sonst so kompromissloser Vater eine große Hilfe. Wohl auch, weil mein elf Jahre jüngerer Bruder Peter damals begann, in die Fotobranche hineinzuwachsen. Damit löste sich langsam die eine oder andere Spannung zwischen meinem Vater und mir. Jedenfalls sagte er zu mir – ich werde seine Worte nie vergessen: »Junge, probier es doch einfach aus. Und wenn es dir Freude macht, dann bleib dabei. Wenn nicht, kommst du wieder zurück in unser Geschäft.« Auch mein zukünftiger Schwiegervater nahm mich durchaus positiv auf:»Di wer'n mir scho ummodeln!« Damals ahnte noch niemand, dass sein Model einmal ein paar Risse und Sprünge bekommen sollte. Also ging ich im Alter von 31 Jahren noch einmal in die Lehre – im »Wienerwald« beim Hendl-König Friedrich Jahn.

Margot – Traum und Wirklichkeit

Um die Gegenwart zu verstehen und die Zukunft zu meistern, muss die Vergangenheit stets greifbar sein. Ich habe damals nach unserer aufregenden Zeit in Paris nicht gedacht, dass der Günter doch tatsächlich in den »Wienerwald« bei null einsteigen würde. Es hätte mir nichts ausgemacht, wenn er bei seinem Beruf geblieben wäre. Aber bald wurde mir klar, dass er sich damit endgültig von seinem doch sehr autoritären Vater abnabeln konnte und auch wollte.

Ja, und wir beide wollten endlich Nägel mit Köpfen machen für unseren gemeinsamen Lebensweg. So haben wir am 14. Mai 1970 im kleinen Familienkreis in Zürich unsere standesamtliche Trauung vollzogen. Unsere Familie, der Paps, die Mutti, die Evi und ich, wohnten damals im nahe gelegenen Feusisberg. Kaum jemand wusste von diesem Ereignis.

Nach einer kleinen Feier flogen wir alle von Zürich nach Wien. Dort war am nächsten Tag die kirchliche Trauung angesetzt. Alles war bestens vorbereitet, wie die Zimmer im zauberhaften Schloss-Hotel Laudon, einem barocken Wasserschloss inmitten eines prachtvollen Parks. Es war schon häufig Schauplatz von Hochzeiten gewesen. Deshalb hatte ich mir den Flyer vom Hotel besonders sorgfältig aufgehoben.

So verbrachte dort auch Elisabeth Christine, die Mutter der späteren berühmten österreichischen Kaiserin Maria Theresia, eine kurze Zeit vor ihrer Vermählung. An die Gedenktafel im Stiegenaufgang kann ich mich noch gut erinnern:»Hier verweilte die spanische Königin zwei Nächte vor dem Tage, an dem sie frohgemut Karl heiratete.« 1776 ging das Schloss dann in den Besitz von Feldmarschall Gideon von Laudon über.

Aber meine Gedanken schweifen vom Thema ab.

Am nächsten Morgen setzte sich unsere Hochzeitsgesellschaft in Richtung Wiener Hofburg in Bewegung. Wieder kein riesiger Tross. Wir hatten die Wahl, entweder ganz groß zu feiern, dann hätten wir Hunderte von Menschen einladen müssen. Trotzdem wären mindestens weitere Hunderte von Menschen beleidigt gewesen, nicht dabei sein zu dürfen. Oder – als Alternative – in einem ganz kleinen familiären Rahmen. Wir haben uns für ganz klein entschieden. Nicht einmal die Großeltern und andere nahe Verwandte waren eingeweiht. So brachte die Münchner Abendzeitung damals die etwas süffisante Überschrift:»Große Hochzeit im kleinsten Kreis.« Uns war das egal, wir freuten uns über die Wiener Sängerknaben, die für uns in der Kapelle der Hofburg sangen, über die Fiakerfahrt zum exquisiten Mittagessen ins berühmte Hotel »Sacher« und standen völlig überrascht vor dem Wagen, den der Paps dann vorfahren ließ. Es war sein 600er Mercedes mit seinem ganz persönlichen Nummernschild: M - WW 600 – WW für »Wienerwald«. Aber was hatte der für eine Dekoration! Nein, nicht etwa rote oder weiße Rosen. Es war unglaublich. Paps hatte den ganzen Wagen mit weißen Hühnerfedern geschmückt! Man kann sich die Blicke der Wiener und der Touristen vorstellen! Wir waren froh, am nächsten Morgen in die Flitterwochen zu starten nach Capri, New York und Jamaika. Von dort haben wir dann an allen

Freunden und Verwandten Karten geschickt mit dem schlichten Aufdruck: »Wir haben geheiratet!«

So romantisch und vielversprechend unsere Hochzeit und der Beginn unserer Ehe auch war, ein Haltbarkeitsdatum für unser Eheversprechen hat der Trauschein nicht beinhaltet. Die Wirklichkeit hat uns jedenfalls ganz schnell in eine Alltagsroutine gepresst, die wir anfänglich gar nicht richtig erkannten, in die wir nach und nach hineinschlitterten. Als im August 1970 unser Sohn Friedrich, von uns liebevoll »Ricky« genannt, in Zürich zur Welt kam, war diese für uns und unsere kleine Familie noch total in Ordnung. Wir hatten alles richtig gemacht – bis dato.

Als ich dann eines Tages von einer Geschäftsreise zurückkam und sah, dass unser Ricky bereits laufen konnte, wurde mir klar, dass ich etwas ändern, dass ich viel mehr Zeit für ihn und seine Entwicklung aufwenden musste. Zunächst kehrten wir von unserem Familiensitz in Feusisberg zurück nach München. Doch die Aufbauphase des internationalen »Wienerwald«-Imperiums raubte uns viel Familienleben. Und dann brachte ich im Januar 1972 unsere Tochter Silja in Zürich zur Welt. Trotz allem, um überhaupt wenigstens etwas Zeit miteinander zu verbringen, begleitete ich den Günter ab und zu auf seinen Dienstreisen, zum Beispiel zur Eröffnung des ersten »Wienerwald«-Restaurants 1974 in Japan oder nach Südafrika zur Einweihung des ersten Lokals in Johannesburg. Aber länger als eine Woche ließ ich unsere Kinder nie allein, egal, wo wir gerade auf der Welt waren, auch wenn sich meine Mutti während meiner Abwesenheit um ihre beiden Enkelkinder fürsorglich kümmerte. In diesen ersten Jahren waren gemeinsame Erlebnisse mit der Familie rar gesät, Urlaub war beinahe ein Fremdwort. Man kann eben nicht alles gleichzeitig haben – viel Zeit für die Familie und Erfolg im

Geschäft. Das sollte für Günter und mich zu einer bitteren Erfahrung werden.

Ehrgeiz – Gift für die Familie

Oft lässt man die Liebe, um dem Ehrgeiz zu leben,
selten aber den Ehrgeiz um der Liebe willen.
(François de La Rochefoucauld – französischer Schriftsteller)

Günter – Alles für den »Wienerwald«

Zurück aus den Flitterwochen, begann für mich das völlig neue Leben in der Gastronomie. Die Erwartungen waren nicht groß, nein, sie waren riesig. Als völlig Branchenfremder hatte ich in eine erfolgreiche Unternehmerfamilie eingeheiratet. Das wurde von allen Mitarbeitern, besonders von den Kollegen aus der Gastronomie, nicht nur positiv kommentiert: »Ob der das schafft?« Ich stand dauernd unter Beobachtung. Ich musste allen so schnell wie möglich beweisen, dass ich nicht – wie man in Bayern sagt – auf der Brennsuppn daher geschwommen bin. Dafür musste ich alles von der Pike auf lernen. Was Leistung betraf, war ich ja von meinem Vater bestens getrimmt worden. Ein Zwölfstundentag und eine 70-Stunden-Woche in unserem Geschäft »Foto Steinberg« waren für mich Normalität.

In dieser Zeit habe ich mich immer wieder an den Spruch erinnert, den mir mein Vater schon vor vielen Jahren schön eingerahmt geschenkt hatte und der noch heute über meinem Schreibtisch hängt:

Schnell erfasse den Wert der Idee.
Halte trotz Hohn und Spott fest am Gedanken.

Eiserner Wille, Optimismus und Mut
öffnen dem Weg zum Erfolge die Schranken.
(Friedrich Wilhelm Nietzsche)

Zunächst begann ich die praktische Ausbildung im »Münchner Hof« – einem »Wienerwald« in der bayerischen Landeshauptstadt. Als Erstes lernte ich die gesamte Speisekarte auswendig. Anschließend ging's durch alle Stationen – von der Küche über den Service bis zur Leitung einer Filiale. Dann für drei Monate in die »Wienerwald«-eigene Schulung in Feusisberg nahe Zürich zu Intensivkursen für Administration, Abrechnungssystem, Mitarbeitermotivation und was halt sonst noch alles für ein erfolgreiches Management notwendig war. In dieser Zeit habe ich gemerkt, wie viel Freude mir die Arbeit in der Gastronomie macht – vor allem, weil ich gern mit Menschen zu tun habe. In der Praxis musste und konnte ich schon bald beweisen, dass ich es mir als eingeheirateter Schwiegersohn nicht nur bequem machen wollte.

In der Schweiz war die Position des Außendienstleiters neu zu besetzen. Wir hatten das Problem, dass »Wienerwald« in der Schweiz damals als einzigem Land rote Zahlen schrieb. Also schickte mich der Hendl-Jahn, der natürlich viel lieber einen echten Fachmann aus der Gastronomie und Hotellerie als Schwiegersohn gehabt hätte, jetzt als »Krisenmanager« zu den Eidgenossen. Was für eine Herausforderung, was für eine Feuertaufe! Ich entdeckte, Gott sei Dank, schnell, wo die Fehler lagen. Das fing beim Einkauf an. Ich suchte neue Lieferanten mit günstigeren Preisen, habe die Speisekarte dem internationalen »Wienerwald«-Standard angepasst und damit auch die Küche, habe die Stellen von Mitarbeitern, die in Rente gingen, nicht neu besetzt, musste leider auch Leute entlassen. Dabei waren und sind mir Kündigungsgespräche sehr unangenehm, sind doch damit auch immer menschliche Schicksale verbunden. Doch diese notwendigen Sanierungsmaßnahmen führten dazu, dass unsere Schweizer Filialen schon nach einem Jahr Gewinne erzielten und mich sehr stolz machten. Das war für mich dann letztendlich der Durchbruch im Konzern.

Und es kamen weitere große Aufgaben wie 1970 ein eigenes »Wienerwald«-Zelt auf dem Münchner Oktoberfest. Es war eine Sensation und mit knapp 400 Plätzen immer voll. Und da hatten wir dann Hendln und Bier auch im Straßenverkauf, weit unter den auf der Wiesn üblichen Preisen. Die Leute waren begeistert, standen Schlange, dafür waren die Wiesn-Kollegen mächtig sauer. Mein Schwiegervater wurde von allen angefeindet, weil er ihnen die Preise ruinierte. Um ehrlich zu sein, bei mir hätte er sich auch unbeliebt gemacht, wenn ich damals schon Wiesnwirt vom Hofbräuzelt gewesen wäre. Den Wiesn-Besuchern dagegen war es nur recht – und billig. Vierzig Jahre lang sollte das »Wienerwald«-Zelt auf dem Oktoberfest stehen.

Rückblickend erscheint es mir fast unglaublich, mit welcher Rasanz sich unser »Wienerwald«-Konzern international ausgebreitet hat. Fast jeden Monat gab es irgendwo eine Eröffnung, immer mit dabei bis zu seinem Tod der durch den Film »Der dritte Mann« weltweit bekannte Wiener Zitherspieler und Komponist Anton Karas und sein Partner am Akkordeon, Rudi Kurzmann. Der Karas wurde immer fuchsteufelswild, wenn sich die Gäste lautstark unterhielten, während er sein »Harry-Lime-Thema« zelebrierte. Er hörte einfach zu spielen auf, haute auf den Tisch und rief erbost: »Wann's wieder staad is, dann spü i wieda!« Es wurde »staad« und der Toni Karas spielte weiter. Im Verlauf eines solchen Abends ließ es sich mein Schwiegervater nicht nehmen, gemeinsam mit seinen beiden Musikern unzählige Wiener Lieder zum Besten zu geben. Und er kannte und konnte viele. Diese Passion sollte er später noch so richtig ausleben.

Die Zeit im »Wienerwald«-Konzern verging wie im Flug, mein Verantwortungsbereich wurde immer umfangreicher bis hin zum Vorsitzenden der »Wienerwald«-Deutschland-GmbH und zum Verwaltungsrat der »Wienerwald«-Holding in der Schweiz. Und das nach nur knapp sechs Jahren Gastronomieerfahrung.

Auf der Suche nach immer neuen Geschäftsideen stießen wir bei einem Aufenthalt in den USA auf das Franchise-System. Damals konnte sich noch niemand darunter etwas vorstellen. Dabei ist die Idee recht simpel. Anstatt selbst immer mehr Filialen zu eröffnen, vergibt ein Großunternehmen Lizenzen an selbstständige Wirte, die damit aber weiterhin selbstständig bleiben. Der Franchisegeber, also wir als »Wienerwald«, räumt dem Franchisenehmer das Recht ein, den bekannten Namen und das gesamte Erscheinungsbild zu nutzen. Der Gastronom profitiert von gemeinsamen Werbeaktionen, dem gemeinsamen Großeinkauf und hat Zugang zu den unterschiedlichen Dienstleistungen des Franchisegebers, wie Buchhaltung oder Weiterbildungen. Der Franchisegeber wiederum kann wesentlich schneller expandieren ohne hohe Investitionskosten. Um zu testen, ob und wie dieses System in Deutschland machbar wäre, gründete ich eine eigene »Wienerwald«-Franchisenehmer-GmbH, die für mich und meine Familie zum überlebenswichtigen Standbein geworden ist – die Baygast GmbH.

Das System schlug ein, und immer mehr Geschäftsführer, aber auch andere Wirte übernahmen einen »Wienerwald«-Betrieb als Franchise-Unternehmer. Für meinen Schwiegervater war das Franchise-System die »goldene Idee der 70er Jahre«. Damit waren wir so was wie die Vorreiter einer Gastronomie-

Globalisierung: »grilled chicken round the world«. Für den »Wienerwald« gingen die Sonne und das Hendl nicht mehr unter. Jedenfalls damals noch nicht.

Aber diese enorme Expansionsphase war, heute nüchtern betrachtet, Gift für die Beziehung zwischen Margot und mir, Gift für unser Familienleben und für den Kontakt zu unseren beiden Kindern. Sie haben ihren Vater zu oft vermisst und ich habe total die Zeit verpasst, ihre Kindheit, ihr Heranwachsen und ihre Entwicklung hautnah mitzuerleben, mitzugestalten. Was ich da unwiederbringlich verloren habe, verstehe ich erst jetzt und hole das mit großer Freude bei meinen Enkelkindern nach. Eine kleine Genugtuung für mich. Aber auch für meine Kinder ...?

Margot – Paps, der Patriarch

Wenn du Probleme in deiner eigenen Familie hast, dann suchst du nach Ursachen und Parallelen in deinem Elternhaus, als du selbst noch ein Kind warst. Konnte ich dem Günter seine beruflich begründete oftmalige Abwesenheit von uns, Ricky, Silja und mir, vorwerfen? Ich musste doch wissen, wie es in unserem riesigen internationalen »Wienerwald«-Unternehmen abläuft, war ich doch selbst ein Teil davon.

Auch unser Vater war ständig auf Achse, anfangs als Kellner auf Saison und dann als unermüdlicher Selbstständiger, immer in seinen Betrieben, meist unangekündigt, überraschend, alles kontrollierend: den Warenbestand, die Küche, die Sauberkeit, das Auftreten des Personals, ja selbst die Mülltonnen. Nichts durfte leichtfertig weggeworfen werden. Er war sich auch als der »große Hendl-König« nie zu schade, benutztes Geschirr abzuräumen, leere Gläser und volle Aschenbecher. Besonders wichtig waren ihm die Gespräche mit seinen Gästen. War alles zu ihrer Zufriedenheit? Gibt es irgendetwas zu bemängeln? Die Gäste schätzten diese Aufmerksamkeit, die ihnen vom Chef entgegengebracht wurde. War das auch ein ganz wichtiger Grund, wieder zu kommen. »Heute bleibt die Küche kalt, wir gehen in den ›Wienerwald‹«. Ich glaube, einen besseren Werbespruch hat's für das Unternehmen nie mehr gegeben.

Ich muss immer noch schmunzeln, wenn ich an seine liebenswerten Gesten denke, an die silbernen Original-Maria-Theresien-Taler, die der Paps stets mit sich trug und die seine Sakkotaschen ausbeulten, um damit einem Stammgast für seine Treue ein überraschendes Geschenk zu machen, um eine Bedienung für ihr besonderes Engagement zu belohnen oder ein Mitglied unseres Küchenpersonals. Der Maria-Theresien-Taler wurde zur inoffiziellen Währung des »Wienerwalds«, nie inflationsgefährdet, nicht konvertierbar, absolut wertbeständig. Schön, dass Günter diesen Brauch übernommen hat und bis heute weiterführt.

Mitarbeiter mit langer Betriebszugehörigkeit wurden vom Paps besonders geehrt. Dafür gab es den »Hendlorden« in Silber, Gold und mit Brillanten.

Eine individuelle Angewohnheit vom Paps war die Art und Weise seiner Notizen. Man hätte ihn glatt für den Erfinder des »Filofax« halten können. Was für ihn wichtig war, Termine, Namen, Adressen, Telefonnummern, Ideen, Gesprächsprotokolle, alles schrieb er penibel mit der Hand auf DIN-A-4-Blätter, die er dann längs- und quergefaltet, jederzeit griffbereit, in der Innentasche seines Sakkos mit sich trug. Und ganz besonderen Wert legte er auf seine notierten Lebensweisheiten, die er in jeder Lebenslage sofort parat hatte:
Tue Gutes – es kommt zu dir zurück – Feiere jeden Tag, denn es ist der erste vom Rest deines Lebens – Wer stehen bleibt, wird

überholt – Nie anfangen, aufzuhören und nie aufhören, anzufangen.

Um nur einige zu nennen, die mir gerade einfallen. Und obwohl der Paps die Ungeduld in Person war, denn nichts konnte ihm schnell genug gehen, war ihm ein kleines Gedicht besonders wichtig, so als würde er es sich täglich wie Medizin verschreiben:

Keine Zeit
Nimm dir Zeit zum Arbeiten, Arbeiten ist der Preis des Erfolgs.
Nimm dir Zeit zum Denken, Denken ist der Schlüssel zur Macht.
Nimm dir Zeit zum Spielen, Spiel ist das Geheimnis ewiger Jugend.
Nimm dir Zeit zum Lesen, Lektüre ist die Grundlage der Weisheit.
Nimm dir Zeit zum Freundlichsein,
    Freundlichkeit ist der Weg zum Glück.
Nimm dir Zeit zum Träumen,
    der Traum spannt einen Stern vor dein Gefährt.
Nimm dir Zeit zum Lieben und geliebt zu werden,
    Liebe ist das Privileg der Götter.
Nimm dir Zeit dich umzusehen, für Selbstsucht ist der Tag zu kurz.
Nimm dir Zeit zum Lachen, Lachen ist die Musik.

Hinter der Fassade des erfolgreichen Gastronomen und Multiunternehmers steckte ein kleiner Philosoph. Ich bin mir sicher, dieses kleine Gedicht war ihm ein wichtiges Vermächtnis für seine Familie. Leider haben wir es zu selten in unseren Alltag geholt.

Und unsere Mutti? Sie hat den Paps machen lassen, hat trotz seiner für sie manchmal viel zu spontanen Ideen Ruhe bewahrt. In der Öffentlichkeit zu stehen, im Rampenlicht der Prominenz und der Adabeis, hat sie nie gemocht. Die Familie war ihr Mittelpunkt – dafür hat sie sich liebevoll und aufopfernd gekümmert, für unsere Erziehung und unsere Zukunft. Sie hat all das verkörpert, was so landläufig gilt: »Hinter einem erfolgreichen Mann steht immer eine starke Frau!« Unsere Mutti ist diese starke Frau gewesen. Ich glaube, unser Vater hat vor ihr großen Respekt gehabt.

Wenn ich heute in meiner Bibel lese, überlege ich manchmal, welche Rolle der Glaube in unserer Familie damals in der Hochblüte unseres »Wienerwald«-Konzerns gespielt hat? Wie oft und wie regelmäßig haben wir gebetet? Ganz stark jedenfalls in den Tagen, die uns alle sehr getroffen, ja schockiert haben. Es war in der Nacht vom 13. auf den 14. November 1973, als plötzlich das Telefon klingelte und uns ein Mann mit verstellter Stimme erklärte, dass meine Schwester Evi in seiner Gewalt ist. Ein Albtraum. Paps aktivierte umgehend alle seine Verbindungen, vor allem zum damaligen Münchner Polizeipräsidenten Manfred Schreiber. Ich rief Günter sofort in Köln an, er unterbrach seine Konferenz und kam mit dem nächsten Flieger nach München. Es herrschte eine unerträglich angespannte Atmosphäre.

Dann rief der Entführer wieder an und verlangte als Lösegeld drei Millionen D-Mark, die der Paps an einem bestimmten Punkt auf der Transitstrecke Helmstedt-Berlin in der damaligen DDR in einer Aktentasche aus dem Fenster werfen sollte. Doch wir wollten, dass die Lösegeldübergabe unbedingt in Bayern und nur im direkten Austausch gegen unsere Evi stattfindet. Günter erklärte sich bereit, diese heikle Aufgabe zu übernehmen.

Unsere Nerven lagen blank, jeder von uns schickte ein Stoßgebet, einen Hilferuf zu Gott.

Günter fuhr also los in Richtung Oberschleißheim bei München, mit einem Polizisten im Kofferraum und über ein Funkgerät im ständigen Kontakt mit der Einsatzzentrale über seine Fahrroute. Auf einer Lichtung mitten in einem Waldstück sollte die Übergabe stattfinden. Die Anspannung in unserer Wohnung war kaum zu ertragen. Ich war in einem regelrechten Schockzustand – die Schwester entführt, der Ehemann in Gefahr und ich daheim mit zwei kleinen Kindern. Es war eine furchtbare Nacht. Besonders für Günter. Der Entführer, unkenntlich durch eine Strumpfmaske, bedrohte ihn mit einer Pistole, zwang ihn zum Aussteigen, kontrollierte das Lösegeld – dreißigtausend 100-Mark-Scheine – und ließ dann im Gegenzug unsere Evi aus seinem Auto. Die Entführer hatten ihr Augen und Mund mit Klebeband zugeklebt. Der Günter zerrte die Evi sofort in seinen Wagen und raste davon. Im selben Augenblick begann eine wüste Schießerei, die Polizei hatte sich im Wald postiert, doch die Entführer konnten entkommen. Als die Nachricht von der geglückten Befreiung bei uns eintraf, ließen wir unseren Emotionen hemmungslosen Lauf, Freudentränen liefen uns über die Wangen. Ich hatte fast einen Nervenzusammenbruch, der Günter wurde plötzlich von einem starken Schüttelfrost befallen.

Die Täter, es waren insgesamt drei aus der Gegend von Straubing in Niederbayern, wurden wenige Tage später von der Polizei gefasst, von dem Lösegeld fehlten nur 30.000 DM. Die Entführer wurden nach sieben Jahren Gefängnis entlassen.

Ein zusätzlicher Schock war für mich und den Günter die Verhandlung. Denn da stellte sich heraus, dass die Angeklagten gar nicht Evi, sondern mich hatten entführen wollen. Sie standen schon vor unserer Wohnungstür, doch ich war zum Glück gerade in der Schweiz. Und so konzentrierten sie sich auf die Evi. Schließlich kidnappten sie meine Schwester in ihrer Tiefgarage, als sie aus ihrem Sportwagen stieg. Sie fuhren mit ihr nach Augsburg, stiegen im ›Holiday Inn‹ ab. Wie Evi später erzählte, durfte sie sich im Zimmer frei bewegen, durfte fernsehen und tat etwas, wofür ich sie noch heute bewundere: Sie sprach andauernd mit ihren Entführern. Auf diese Weise, wie Psychologen bestätigen, entstand in gewisser Weise eine Beziehung auf persönlicher Ebene. Das ging so weit, dass die Entführer ihren Essenswunsch erfüllten. Ironie des Schicksals: Ein Kidnapper holte der entführten Tochter des Königs der »Wienerwald«-Hendln an der nächsten Ecke eine halbes »Wienerwald«-Hendl! Klingt beinahe makaber nach »Henkersmahlzeit«. Evi brauchte lange, um das Erlebte zu verarbeiten. Noch heute plagen sie hin und wieder Albträume. In Tiefgaragen parkt sie seither nicht mehr. Lieber stellt sie ihr Auto irgendwo auf der Straße ab und geht den Rest des Weges zu Fuß.

Nach diesem schrecklichen Vorfall wurden wir alle vorsichtiger. Bis dahin hatten wir die Öffentlichkeit nicht gescheut, hatten sie sogar gesucht, hatten auch keine Probleme, in der Presse zu stehen. Doch von da an wuchs die Angst, vor allem um unsere Kinder. Wir achteten sehr darauf, dass sie nicht fotografiert wurden, um damit eventuell potenzielle Entführer anzulocken. Unsere Stoßgebete waren erhört worden, Gott sei Dank!

Seit damals trug der Paps eine Weisheit mehr in seiner Sprüchesammlung mit sich:

Und alles, was ihr bittet im Gebet, wenn ihr glaubt, so werdet ihr's empfangen (Matthäus 21,22; Luther-Bibel).

Margot und Günter Steinberg (2009)

»Gastfreundschaft ist unser Leben,
Gastlichkeit ist unsere Pflicht,
Zufriedenheit ist unser Streben,
ohn' Gottvertrauen geht es nicht.«

Kindheit

»Meine Eltern 1939«
(altes Foto von Günter Steinberg).

Urlaub von der Front:
der zweijährige Günter mit
seinem Vater Wilhelm und
seiner Mutter Maria (u. r.).

Die kleine Margot mit ihren
Eltern Hermine und Fried-
rich Jahn und ihrer Schwester Evelyn (u. l.).

Friedrich Jahn erwirbt das Hotel »Schönberger Hof« Anfang der Fünfziger-
jahre.

Hotel Schönfels (links) und das Privathaus der Familie Jahn in Feusisberg
(Schweiz, 1966).

»... wir gehen in den Wienerwald«

Hähnchenkönig Friedrich Jahn: in seiner ersten Hühnerfarm im Boschhof
bei Wolfhartshausen (Anfang der 60er Jahre) (oben).
Anton Karas, Friedrich Jahn und Paul Hörbiger bei einer Wienerwald-
Eröffnung 1961 (u. l.).
Das Ehepaar Jahn vor dem Atrium unterhalb des Münchner Fernsehturms
(1968) (u. r.).

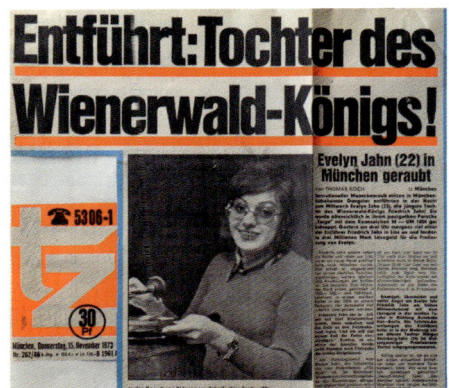

Entführt:Tochter des Wienerwald-Königs!

Evelyn Jahn (22) in München geraubt

Margot Jahn vor einer
Wienerwaldfiliale in
Belgien (1969).

Das Wienerwaldzelt auf der Wiesn (1970).

Katerfrühstück nach dem Opernball 1976: Roberto Blanco, Hermine und Friedrich Jahn, Evelyn Peitzner, Margot und Günter Steinberg morgens um vier Uhr im Wienerwald in der Annagasse in Wien – 1977 (v. li.).

Franz Beckenbauer mit Günter Steinberg anlässlich einer Wienerwald-Eröffnung – 1977.

Als Fotoeinzelhändler in München

Günter Steinberg präsentiert
eine Rolleiflex (1962).

Vater Steinberg betreibt
einen Fotoladen in der
Maxburg am Lehnbach-
platz (1962).

Eine Traumhochzeit – ein Traumpaar

Dafür mussten einige Hühner ihre Federn lassen: Die Hochzeitslimousine war mit weißen Hühnerfedern und Rosen geschmückt (vor dem Schloss Laudon in Wien).

Eine Pferdekutsche bringt das Brautpaar am 15. Mai 1970 von der Hofburgkapelle zum Hotel Sacher.

Im siebten Himmel: Günter und Margot Steinberg kurz nach der Trauung.

Günter und Margot Stein-
berg beim Wiener Opern-
ball 1972.

Rund um die Wiesn und den Hofbräukeller

Günter Steinberg mit Maß und Trachtenhut auf der Wiesn (1980).

Ehepaar Steinberg beim ersten Einzug als Wiesn-wirte (1980).

Wiesnwirtin Margot Steinberg (1980).

Günter und Margot Steinberg mit Peter Kraus am Rande einer Veranstaltung Anfang der Achtziger.

Politik im Stüberl – drei Ministerpräsidenten zu Besuch: Edmund Stoiber, Franz-Josef Strauß, Margot Steinberg, Günter Steinberg und Max Streibl (v. li., 1981).

Ehepaar Steinberg mit Ministerpräsident Franz-Josef Strauß auf dem Oktoberfest 1982.

Ehepaar Steinberg mit Edmund Stoiber und Gattin Karin (1993).

Wiesn-Einzug mit Prominenz: v. li. Carolin Reiber, Willy Harlander, Margot und Günter Steinberg (1997).

Die Wiesnwirte Steinberg mit dem Münchener Oberbürgermeister
Christian Ude (links) und Brauereichef Albert Riedl (1999).

Volles Hofbräuzelt 2000 – und über allen schwebt der Engel Aloisius.

Maßkrugvorstellung 2003 im Garten des Hofbräukellers: Schauspieler Joachim Hansen, Moderator Enrico de Paruta und Max Greger (v. li.).

Vorstellung des HB-Sammlerkruges 2004 – Margot Steinberg, TV-Moderatorin Carolin Reiber und Günter Steinberg (v. li.).

Die neue Hofbräuzelt-Fassade 2005 mit der gesamten Hof-bräumannschaft.

Eine sportliche Vorstellung des HB-Sammlermaßkrugs 2006 – die Ski-Asse Rosi Mittermaier (2. v. li.) und Christian Neureuther (re.) mit Friedrich Steinberg, Günter Steinberg und Tochter Silja (v. li.).

Die Steinbergs stellen sich hinter die Evangelisation ProChrist 2006 in München. Hier mit einem Pro-Christmobil am Odeonsplatz vor der Feldherrnhalle.

Vorstellung des HB-Sammlermaßkruges 2008: Margot Steinberg; Friedrich Steinberg; Seppi, der Cousin von Magdalena Neuner; die Biathlon-Weltcup-siegerin Magdalena Neuner; Günter Steinberg und Silja Schrank-Steinberg.

Er sorgt für den guten Geschmack: Küchenchef Max alias Massamba Diagne kocht im Hofbräukeller und im Zelt (2008).

Tochter Silja Schrank-Steinberg (2008) und Sohn Friedrich Steinberg (2008).

Aus dem Familienalbum

Familienidylle: Günter und Margot Steinberg mit ihren Kindern Friedrich und Silja (1987).

Günter und Margot Steinberg auf einem Skiwochenende (2001).

Familie Steinberg mit Sohn Friedrich und Tochter Silja vor dem Eingang zum Biergarten des Hofbräukellers (2007).

Günter Steinberg mit seinem Vater Wilhelm 2008 auf der Wiesn.

Das Imperium zerbricht

Ein gutes Leben hat nur selten einen Menschen ruiniert.
Was den Menschen in den Ruin treibt,
sind die dummen Geschäfte.
(Carl Fürstenberg – deutscher Bankier)

Günter – Die Macht der anderen

»Weißt du, Günter, ich sag dir nur eins: Ein Banker gibt dir einen Regenschirm, wenn die Sonn' scheint. Aber wenn's regnet, dann verlangt er den Schirm sofort von dir zurück!« Das war die bittere Erkenntnis meines Schwiegervaters nach dem heftigen Knall 1982 und der damit verbundenen Zerschlagung seines großen Lebenswerks.

Ich hatte damals schon zwei Jahre einen finanziellen Schirm – ohne Bankabhängigkeit: das »Hofbräuzelt«. Als bekannt wurde, dass das bayerische Finanzministerium als Eigentümer der staatlichen »Hofbräu«-Brauerei für ihr Zelt einen neuen Pächter suchte, war ich sofort interessiert. Das ist für einen Münchner Gastronom der absolute Gipfel, so begehrt wie für Hollywood-Stars der »Oscar«. Margot war zunächst skeptisch, schlug doch ihr Herz für den »Wienerwald«. Damit hatten wir ja auch genug zu tun. Auch mein Schwiegervater und letztendlich mein oberster Chef im Konzern war zuerst strikt dagegen: »Du hast mit unserem ›Wienerwald‹ alle nur erdenklichen Entwicklungsmöglichkeiten. Darauf konzentrier' dich. Lass' die Finger vom Hofbräuzelt!«

Aber so eine Gelegenheit würden wir im Leben kein zweites Mal bekommen. Also, Bewerbung im Finanzministerium mit dem Hinweis, bereits große Erfahrung und Erfolge mit unserem »Wienerwald«-Zelt nachweisen zu können, Vorstellungsgespräch beim Finanzminister, drei Tage später der Zuschlag, Pachtvertrag für vorläufig fünf Jahre, dem üblichen Zeitraum. Meine zunächst umstrittene Entscheidung wurde letztendlich für die ganze Familie zum Segen und überlebenswichtig. Denn die Schlagzeile einer großen Münchner Tageszeitung am 13. März 1982 schlug wie eine Bombe ein: Der »Wienerwald« habe 300 Millionen DM Schulden (rund 150 Millionen €). Hendl-König Friedrich Jahn versuchte vergebens, diese Zahl in Relation zu dem damaligen weltweiten Jahresumsatz von 2,3 Milliarden DM (rund 1,15 Milliarden €) zu setzen. Das Unheil konnte keiner mehr aufhalten, die Folgemonate waren schrecklich. Alle Medien berichteten groß über diesen spektakulären Fall. Und die Banken reagierten zuallererst: Sie forderten ihre Kredite unverzüglich zurück. Die Spirale begann sich zu drehen, Lieferanten wurden nervös und bangten um ihr Geld, lieferten nur noch gegen Cash. Personal drohte abzuspringen. Sämtliche Banken – insgesamt 27 – sperrten mehrmals unsere Konten. Das konnte nicht lange gut gehen.

Nach drei vergeblichen Versuchen, ein Stillhalteabkommen mit den Banken zu erreichen, mussten die »Wienerwald«-Holding AG und ihr Inhaber Friedrich Jahn im August 1983 in der Schweiz Insolvenz anmelden. Kurz darauf auch in Deutschland. Schließlich musste mein Schwiegervater den gesamten »Wienerwald« verkaufen – mit erheblichem Verlust, versteht sich. Später, nach Abschluss des Insolvenzverfahrens, sollte es ihm gelingen, zumindest den »Wienerwald«-Deutschland zurückzukaufen. Der Zusammenbruch des »Wienerwald«-Imperiums war ein riesiger Schock für unsere gesamte Familie: »Du kannst dir gar nicht vorstellen, wie das ist, wenn du über Nacht von denen verlassen bist, auf die du dich verlassen hast.«

Mein Schwiegervater hatte ja seit Beginn seiner Laufbahn durch seine Tüchtigkeit, seinen Charme und seine Erfolge ein Netzwerk aufgebaut: Politiker, Künstler, Wirtschaftsbosse. Verschiedene Vereinigungen – auch politische – profitierten von seiner Spendenfreudigkeit. Dieses Netz hatte ihn ja auch aufgefangen, als es massive Probleme mit den Steuerbehörden gab. Doch in diesem eklatanten Fall hatte das Netz gehörige Löcher bekommen. In den Banken hatten junge, coole Manager das Sagen, Absolventen anglo-amerikanischer Business- & Economic-Colleges und Wirtschaftsuniversitäten. Für diese Yuppies waren Familienunternehmen museale Dinosaurier. Und für meinen Schwiegervater waren deshalb Bankgespräche der schlimmste Stress. Ehemals »gute Freunde« wandten sich von ihm ab. Sie wechselten die Straßenseite, wenn sie ihn sahen. Der einst gefeierte und ungekrönte König der Gastronomie war von einem Tag zum andern zur Unperson geworden. So blieb nur noch die Familie, die Schutz und Zusammenhalt bot. Ob er manchmal an Selbstmord gedacht hat? Niemals! Er war ein Stehaufmännchen mit jeder Menge neuer Ideen.

Zugegeben, wir waren in vielen geschäftlichen Dingen nicht immer einer Meinung, da gab es auch harte Diskussionen. Mein Schwiegervater war halt bei vielen spontanen und einsamen Entscheidungen beratungsresistent. Ideen mussten lieber gestern als heute umgesetzt werden – der Tycoon als Taifun! »Wienerwald«-Deutschland, »Wienerwald«-Österreich, Franchise, Premium-Restaurants, Tourotels in Deutschland und Österreich, Autoraststätten, Jahn-Reisen, fast 900 Restaurants in den USA der Ketten LUMS, IHOP, COPPER PENNY, LOVE's, RANCH HOUSE ... Alles ging schnell, viel zu schnell. Und die Banken spielten mit, Mitarbeiter warnten, doch mein Schwiegervater wischte alles vom Tisch: »Wer zahlt, schafft an!« Er hatte schon immer ein großes Faible für die USA. Irgendwie hatte er in Europa, es tobte damals noch ganz heftig der Kalte Krieg, latente Angst vor der Sowjetunion und dem Kommunismus. In Amerika wollte er ein sicheres Standbein haben. Doch das Land der unbegrenzten Möglichkeiten zeigte ihm deutlich seine Grenzen auf.

Es war letztlich eine Summe von Fehlentscheidungen, wie er später selbst zugab: einen Banker als Finanzchef einzustellen, mit zu vielen Banken – 27! – zusammenzuarbeiten, unnötige Bürgschaften zu unterschreiben, nicht rechtzeitig Firmenanteile und Immobilien an Frau und Kinder zu überschreiben, zu viele Sachen zu schnell abzuwickeln, zu wenig zu delegieren, alles selber machen zu wollen, zu wenig auf Gegenargumente zu achten, viel zu optimistisch und gutgläubig zu sein, vielen zu sehr zu vertrauen. Eines allerdings bleibt unbestritten: Mein Schwiegervater war der erste österreichische Globalplayer der Gastronomie. Und wir waren seine Mitspieler, sein Team.

Besonders bitter waren für meinen Schwiegervater die zahlreichen persönlichen Bürgschaften. Er musste Privatinsolvenz anmelden. Meine Schwiegereltern mussten das Privathaus in Feusisberg aufgeben und in eine bescheidene Mietwohnung in Zürich ziehen. Schmuck, Bilder, Teppiche und sonstige Wertgegenstände – alles wurde konfisziert. Sieben lange Jahre sollte es dauern, bis alle Insolvenzen abgeschlossen und sämtliche Gläubiger befriedigt waren. Doch wir haben alle Verbindlichkeiten zu 100 Prozent befriedigt.

Was für ein Segen für uns, dass wir das Hofbräuzelt hatten und die Baygast GmbH mit den sieben »Wienerwald«-Franchisebetrieben. Die konnte uns niemand wegnehmen.

Wahrscheinlich barg dieser enorme finanzielle wie psychische Crash bereits den Keim für unser späteres massives Zerwürfnis. Margot und ich, wir konnten Privates und Berufliches einfach nicht trennen. Und in dieser prekären Situation überwog das Berufliche. Jedes Mal, wenn mein Schwiegervater zu uns kam, wurden endlos und immer wiederkehrend die gleichen Fragen diskutiert: Es sei doch alles so gut gelaufen, was oder wer war schuld an dem Debakel, was wäre sinnvoller gewesen, es nicht gemacht zu haben, warum konnten die Banken nicht zwei, drei Jahre warten usw. Jedes Mal die gleiche Leier. Margot hielt sich meist aus unseren Diskussionen raus – wenn nicht, dann hielt sie natürlich zu ihrem Vater. Irgendwann machte ich mir Selbstvorwürfe, gab mir die Schuld. Die divergierenden Gespräche führten dann, wenn wir allein waren, zu nächtelangen Auseinandersetzungen zwischen Margot und mir. Eine Lösung gab es nur, so dachten wir, wenn mein Schwiegervater wieder imstande wäre, eine seiner Ideen zu verwirklichen. Das würde auch unser Familienleben wieder beruhigen. Von Bankern würde er sicher die Finger lassen. Denn eine Weisheit hatte er aus der Pleite gezogen:

Mit Bankern iss und lach', aber keine Geschäfte mach'!

Margot – Neubeginn – und wie!

Wie sehr hätte uns schon damals unser tiefer christlicher Glaube, den wir heute täglich aus der Bibel schöpfen, geholfen und getröstet. Um wie viel gelassener und hoffnungsfroher wären wir in unsere Zukunft gegangen. So aber belasteten wir unser Familienleben mit Fragen, auf die es keine schlüssigen Antworten gab, mit Zweifeln und mit Schuldzuweisungen.

Es wurde erst etwas ruhiger und leichter, als unser Vater gleich mit drei Firmengründungen einen furiosen Neustart hinlegte: In Deutschland war es die BEGA, eine Beratungsfirma für die Gastronomie. Da konnte er seine langjährigen, unterschiedlichsten Berufserfahrungen weitergeben. Und dann die »Schnitzelhaus« GmbH. Paps kreierte das »Schnitzelhaus«, wo es Schnitzel aus Schweine-, Kalbs-, Rind-, Puten- und Lammfleisch in verschiedenen Zubereitungen gab. Vier solcher Lokale wurden innerhalb eines Jahres eröffnet, die sich überaus erfolgreich in der Szene einführten. Sofort dachte er an eine ähnliche Entwicklung wie seinerzeit mit »Wienerwald«. Wir waren glücklich, dass er wieder voll in seinem Metier aufgegangen war. Doch mit siebzig denkt man halt anders als mit vierzig. Nach einem sehr guten Angebot des »Wienerwalds« verkaufte er drei seiner »Schnitzelhäuser«, das vierte in Augsburg verpachtete er in Franchise an einen langjährigen und erprobten Mitarbeiter vom »Wienerwald«. Ja, und dann hatte er noch die »Friedrich Jahn Consulting« in Zürich, mit der er fünfzehn Hotels und achtundvierzig Gaststätten beratend zur Seite stand.

Und er war immer für Überraschungen gut, er fand auch noch Zeit für ein langgehegtes, immer wieder aufgeschobenes Hobby: das Singen von Wiener Liedern. So nahm er eines Tages in einem Gräfelfinger Tonstudio mit drei Musikern, die er von seinen »Wienerwald«-Lokalen bestens kannte, dem Rudi Kurzmann, dem Uli Pasler und dem Rudi Schott, eine ganze Musikkassette mit Wiener Liedern auf. Es war sein Wunsch zum Geburtstag seiner damals 90-jährigen Mutter.

Keiner von uns konnte ahnen, was sich daraus entwickeln würde. In kürzester Zeit, er war jede Woche einen Nachmittag im Tonstudio, hatte der Paps über 600 Lieder und Evergreens auf 43 Kassetten aufgenommen! Es hat ihm viel Spaß und Freude bereitet. Uns weniger, weil wir uns jede Kassette anhören und natürlich beurteilen mussten. Auch unsere Freunde und Bekannten blieben von seiner Sangeskunst nicht verschont. Aber ich muss sagen, er hat's nicht schlecht gemacht, vor allem die Wiener Lieder hat er sehr gut und mit viel Herz gesungen. Besonders eins – sein Lieblingslied:

Penzinger[3] *Kircherl –*
Secht's Leut'ln, so wae' anno Dreißig in Wien

Droben vom Penzinger Kircherl
hört man es »zwölfe« grad' schlag'n,
und aus dem mondhellen Gasserl
biegt um die Ecke ein Wag'n.
Vor einem Altwiener Hauserl,
da halt' er, ein Mäderl steigt aus,
macht ein verlegenes Knickserl,
dann huscht's wie ein Mauserl ins Haus.
Im Ohr noch die rauschenden Walzer,
die Walzer von Lanner und Strauß,
im Herzerl ein bisserl Verliebtheit,
so kommt sie vom Domayer z'Haus.
Die Guckerln, so blau wia die Veigerln,
die glänzen voll Lust und voll Freud'.
Secht's Leut'ln, so war's anno Dreißig,
in Wien in der goldigen, g'mütlichen Zeit!

Dann huscht sie über die Treppe,
sagt zur Frau Mutter: »Küss d'Hand«,
drückt ihre Blumen ganz heimlich,
Rosen aus seiner Hand.
Wie die »Schönbrunner« erklungen,
da hatt' er ihr zärtlich schon 'tan,
und bei die »Werber«,
da hielt er beim Vaterl ums Patschhanderl an.
Im Ohr noch die rauschenden Walzer,

die Walzer von Lanner und Strauß,
Kaum hat sie die Guckerln geschlossen,
träumt sie schon vom künftigen Glück.
Sech'ts Leut'ln, so war's anno Dreißig in Wien
und die Zeit, die kommt nimmer zurück.

(Text: Franz Allmeder, Originaltitel:»Secht's Leut'ln, so war's anno Dreißig in Wien« Musik: Roman Domanig-Roll, Bosworth Musikverlag Wien)

Der Paps hatte noch mehr Überraschungen parat. Es muss, glaub ich, 1993 gewesen sein. Da fragte er uns eines Tages, ob er denn bei uns im Zelt auf der Wiesn einige seiner Kassetten verkaufen darf.»The best of ...« mit den bekanntesten Wiener, rheinischen, Seemanns- und Berlin-Liedern, mit Film-Oldies und Musical-Evergreens. Ja, das alles hatte er im Laufe eines einzigen Jahres aufgenommen. Sicher würden sich viele an ihn erinnern und sich über so ein musikalisches Souvenir freuen. Günter und ich hatten natürlich nichts dagegen. Die zwei-, dreihundert Kassetten sollten wir schon unterkriegen. Von wegen ...

Es war ein Tag vor der Wiesneröffnung, da kam am Nachmittag ein Lieferwagen und hat – mit lieben Grüßen vom Paps – fünf Paletten mit sage und schreibe 10.000 Kassetten abgeladen! Wir wussten im ersten Augenblick nicht, wohin damit. Es regnete in Strömen. Notdürftig lagerten wir diese unglaubliche Menge in unserem Vorratszelt neben der Küche. Das Zelt war undicht, zwangsläufig fiel der Regen auf die Kartons mit den Kassetten. Viele wurden unbrauchbar. Dem Paps erzählten wir davon natürlich nichts, es wurden auch nicht viele gekauft. Und so fiel seine Karriere als »Wiensänger« buchstäblich ins Wasser.

Auf den Verkauf seines wirklich interessanten und aufschlussreichen Buches: Friedrich Jahn – »Ein Leben für den Wienerwald. Vom Kellner zum Millionär – und zurück« hat unser Vater dann verzichtet. Das Hofbräuzelt wär' halt doch nicht der richtige Rahmen. In unserem Stüberl ist er mit seinem Buch aber immer dabei.

Die Macht der Bibel

Die Heilige Schrift ist ein Fluss,
in dem ein Elefant schwimmen muss
und ein Lamm gehen kann.
(Martin Luther, Tischreden)

Günter – Annäherung und Ablehnung

Wo war ich mit meinen Gedanken stehen geblieben? Ach ja, bei unserer Krise und wie wir sie aus der Welt schafften. Stimmt, es war im März 1989, als Margot mit einer Einladung der »Internationalen Vereinigung christlicher Geschäftsleute« (IVCG) auf mich zukam, einer Organisation, die vor allem Führungskräfte und Verantwortungsträger mit der christlichen Botschaft erreichen möchte. Zu diesen Veranstaltungen lädt die IVCG nicht in Kirchen oder Gemeinderäume ein, sondern auf »neutralen Boden«, z. B. in Restaurants oder Hotels. Zunächst war ich skeptisch. Doch nach einer Weile sagte ich mir: »Geschäftsleute« klingt eigentlich ganz gut. Christlich bin ich auch. Warum sollte ich mir das nicht einmal anhören? Also bin ich dann doch auch Margot zuliebe hingegangen.

Die Veranstaltung fand in einem großen Münchner Hotel statt. In welchem Raum wussten wir nicht genau. Ich dachte mir, die werden wir schon finden. Christen sind wohl nicht so schwer zu erkennen. Vielleicht tragen sie auch entsprechende Schildchen. In dem Hotel fanden an diesem Tag mehrere Veranstaltungen gleichzeitig statt. An der Rezeption aber wollte ich nicht nachfragen, man kannte uns natürlich in dem Hotel und es musste ja niemand gleich wissen, dass wir ausgerechnet zu einer christlichen Veranstaltung wollten. Es war mir echt peinlich. Also wollten wir im Ausschlussverfahren den richtigen Seminarraum finden. Vor dem ersten stand ein Paar, beide gut aussehend, Anzug mit Krawatte, elegantes Kostüm, wahrscheinlich Banker. Auch der zweite Raum schied aus. Ein Ärztekongress, wie die Overhead-Präsentation erahnen ließ. Und so gingen wir weiter. Nach allen sechs Seminarräumen waren wir ratlos.

Als wir dann wieder bei dem ersten Raum vorbeikamen, fragte uns die Dame im Kostüm, ob sie uns helfen könne. Mit leiser Stimme sagten wir was von einer Einladung der Internationalen Vereinigung Christlicher Geschäftsleute. Die ganze Situation war uns irgendwie unangenehm. Es hatte so einen Touch von Schwäche und Unprofessionalität. Umso überraschter waren wir, als die Dame sagte:»Herzlich willkommen. Sie sind bei uns genau richtig.« Die vermeintlichen Banker waren christliche Geschäftsleute. Sie stellten sich vor als Gerti und Roland Gunka und als Leiter der Regionalgruppe München der IVCG. Ich war irgendwie beeindruckt. Ich hatte damals diese hinterwäldlerische Vorstellung, Christen wären stets schlicht und unauffällig gekleidet, von blassem Aussehen und mindestens mit Brille. Diese beiden hier waren ein erfolgreiches, gut aussehendes sehr freundliches Ehepaar. Ich war beeindruckt.

Das Thema des Abends lautete:»Eine menschliche Gesellschaft? Gedanken zur Erziehung und Menschenführung.« Referent war der baden-württembergische Politiker Dr. Max König, Vater von neun Kindern. An Details seines Vortrags kann ich mich nicht mehr erinnern. Wohl aber daran, mit wie viel Liebe dieser Mann von seiner Frau und seinen Kindern sprach und mit wie viel ehrlicher Offenheit auch über seinen christlichen Glauben. Er erzählte von seiner Frau und ihrem gegenseitigen Verhältnis, als hätten sich die beiden eben erst kennengelernt. Dabei waren sie länger verheiratet als Margot und ich. Bei uns beiden war diese gegenseitige Liebe zu dieser Zeit doch schon recht abgekühlt. Was mich aber besonders beeindruckte, war die Art und Weise, wie Dr. König über seinen Glauben sprach. So frei und selbstverständlich und das auch noch in der Öffentlichkeit. Das habe ich zum ersten Mal so erlebt. Bisher war für mich Glaube eher Privatsache und ging niemanden etwas an. Jedenfalls hab ich das so gehandhabt.

Am Ende dieses bemerkenswerten und nachhaltigen Abends gab es die Möglichkeit, sich zu einem Wochenendseminar anzumelden, bei dem es um die Frage gehen sollte: »Wer ist der Gott der Bibel?« Wir ließen uns spontan auf die Liste eintragen. Das konnte nicht schaden. Sicher würden wir dort auch wieder auf nette und interessante Menschen treffen.

Doch je näher der Termin kam, desto weniger Lust hatte ich. Die erste Begeisterung war sehr schnell verflogen und ich sträubte mich ernsthaft mitzufahren. Und so fragte Margot ihre langjährige Freundin Edith, mit der sie unter anderem auch schon den Pseudo-Kochkurs »Fit for Life« besucht hatte, mitzukommen. Sie war sofort bereit und ich sehr erleichtert. Und so bot ich den beiden an, sie hinzufahren und am nächsten Tag wieder abzuholen. Ich wollte in dieser Zeit lieber Ski fahren. Ich freute mich richtig darauf, denn es hatte noch einmal richtig geschneit Mitte April. Worauf ich allerdings nicht vorbereitet war – auf die herzliche Art und Weise, wie uns die Dame vom Seminarabend – bereits an der Tür des kleinen, familiär geführten Seminarhotels in Adelsried begrüßte. Sie fand es besonders schön, dass ich auch mitgekommen war. Was sollte ich tun, ich saß in der Falle! Konnte ich einer Dame mit so viel Charme etwas abschlagen? Das konnte ich einfach nicht. Ich hatte keine Wahl, ich musste bleiben.

Und wir wurden ein weiteres Mal überrascht. Wir hatten erwartet oder sogar befürchtet, dass sich alle in einem Stuhlkreis hinsetzen und dann bei Tee und Gebäck über die Bibel sprechen würden. Stattdessen gab es zunächst im Restaurant ein gediegenes Abendessen mit einer guten Flasche Wein. An den kleinen Tischen hatten die Teilnehmer die Möglichkeit, sich während des Menüs schon ein wenig kennenzulernen. Und da war auf einmal wieder diese Begeisterung, die ich bereits bei unserer ersten IVCG-Veranstaltung in München empfunden hatte. Es herrschte wieder diese gute Atmosphäre. An diesem Wochenende ging es vor allem um die Vorstellungen, die wir Menschen von Gott haben. Ist der Gott der Bibel ein ferner Weltenlenker, der über allem thront und die Menschen, gleich Marionetten, führt? Oder ist er ein spießiger alter Spielverderber, der den Menschen zwar alle Freiheiten gegeben hat, um sie dann aber doch mit seinen Verboten einzuschränken? Oder ist er der strafende Gott, der von uns Opfer fordert?

Roland und Gerti Gunka verglichen das Verhältnis Gott-Mensch mit dem zweier Liebenden. Es genüge eben nicht, wenn nur einer liebt. Eine Vertrauens-, eine Liebesbeziehung beruhe immer auf Gegenseitigkeit. Beide müssen Ja sagen. So hatten wir das noch nie gehört. Dabei war es völlig einleuchtend. Wenn einer der Partner Nein sagt oder gar nicht reagiert, dann funktioniert eine Beziehung einfach nicht. Und während bei verschmähter Liebe ein Partner nach einiger Zeit aufgibt und das Interesse verliert, gibt Gott nie auf. Er wartet, er kann warten. Das war eine der Kernaussagen, die wir auch nach so vielen Jahren von diesem Wochenendseminar immer noch ganz genau wissen. Margot wurde an diesem Wochenende klar, dass sie, wenn sie unseren gemeinsamen Weg weitergehen wollte, Ja zu Gott sagen musste. Sie hatte aber auch Angst, mit ihrem bisherigen Leben brechen zu müssen. Sie fragte sich:»Was darf ich dann noch und was nicht? Macht mir das Leben dann noch Freude oder muss ich mich überall einschränken?«Doch der Wunsch nach innerer Zufriedenheit und dem Gefühl, zutiefst geliebt und angenommen zu sein, war stärker als die Furcht vor vermeintlichem materiellen Verzicht oder sozialer Askese.

An diesem Abend betete sie:»Herr Jesus Christus, ich brauche dich. Ich habe bisher mein Leben selbst bestimmt. Ich habe gegen dich gesündigt. Bitte vergib mir meine Schuld. Übernimm die Herrschaft in meinem Leben und verändere mich so, wie du mich haben willst. Ich danke dir, dass du mich angenommen hast. Amen.« Mehr nicht. Trotzdem war es für sie ein riesiger Schritt. War es doch das erste Gebet in ihrem bisherigen Leben, das sie während dieses Seminars tief berührt hatte. Bis dahin gab es ja nur die üblichen, bereits vorformulierten Gebete wie das»Vaterunser« oder das Glaubensbekenntnis, die im Gottesdienst gebetet wurden – wenn sie denn einmal hinging. All das hat sie mir Jahre später während unserer Generalaussprache ausführlich erzählt. Ich war von diesem Wochenendseminar zwar auch stark beeindruckt, allerdings ohne diese zwingenden Schlussfolgerungen wie bei Margot.

Zwar betete auch ich fortan und wir trafen uns regelmäßig auch mit anderen Interessierten, um gemeinsam in der Bibel zu lesen und über die praktische Relevanz dieser Texte für das alltägliche Leben zu sprechen. Wenn du aus der Bibel erfährst, was gut ist und was böse, dann kommst du ganz schön ins Grübeln. Das war für mich eine vollkommen neue Erfahrung und hat mich damals sehr nachdenklich gemacht. Mir wurde langsam über Wochen und Monate klar, dass und wie viele Fehler ich in meinem Leben bereits gemacht hatte. Ganz abgesehen davon, dass ich mich nicht an Gottes Wort orientiert und gehalten hatte, dass ich mich viel zu wenig um meine Familie gekümmert, viel zu wenig mit meiner Frau gesprochen hatte und viel zu wenig auf sie, ihre Bedürfnisse und Probleme eingegangen war.

Doch bald zeigte sich leider, dass jeder von uns etwas anderes darunter verstand, als Christ zu leben. Während Margot Feuer und Flamme war und am liebsten jeden von ihrem neuen Weg überzeugen wollte, ihn damit bedrängte, und versuchte zu missionieren, war das Ganze für mich doch etwas zu viel des guten Glaubens. So persönlich sollte das nun auch nicht sein. Die Bibel wurde aber auch für mich zu einem Spiegel. Ich wusste natürlich, dass vieles falsch war, was ich tat, dass ich es ändern müsste. Aber deswegen mein ganzes bisheriges Leben aufgeben, all das, was Spaß machte? Ich wollte mich nicht einschränken. Ich hörte immer nur, ich müsse mein Leben Jesus übergeben. Aber erstens konnte ich mir darunter nichts Reales vorstellen. Sollte ich dann etwa die Hände in den Schoß legen? Zweitens wollte ich mir die Verantwortung für mein Leben nicht von jemandem anderen aus der Hand nehmen lassen. Ich wollte mein eigener Herr über mein Leben bleiben. Das eine tun, das andere nicht lassen!

Damit waren Meinungsverschiedenheiten zwischen Margot und mir vorprogrammiert. Sie fingen schon beim Frühstück an. Margot nahm sich jeden Morgen mindestens eine halbe Stunde Zeit, um in der Bibel zu lesen und zu beten. »In einer guten Beziehung nimmt man sich ja auch Zeit, um miteinander zu sprechen«, war ihr Argument. Ich konnte damit nicht viel anfangen. Ich hatte kein Problem, hin und wieder ein paar Stellen in der Bibel zu lesen. Aber jeden Morgen? Und noch dazu so lange? Nein danke! Das war mir zu extrem. Ich fuhr dann lieber gleich ins Büro. Die unterschiedlichen Auffassungen darüber, wie ein Christ nun leben sollte, setzten sich im Tagesverlauf fort. Margot wollte dann plötzlich nicht mehr zu Empfängen und Events mitgehen. Das war ihr alles zu oberflächlich. Sie wollte nur noch mit Christen zusammen sein und nicht mehr mit uns »normalen« Menschen. Margots konsequente Ablehnung unseres bisherigen Lebens konnte ich kaum noch ertragen. Je intensiver sie ihren Glauben kundtat, desto mehr distanzierte ich mich innerlich wieder davon. Was wir auf den Seminaren gehört hatten, fand ich alles richtig und konnte dem auch zustimmen. Aber die Art, wie Margot das nun umsetzte, war mir einfach zu viel. Wir gerieten an einen Punkt, wo wir schon einmal gewesen waren: verheiratet, zusammen wohnend, aber sonst nicht viel gemeinsam. Innerlich wurden wir uns zunehmend fremd. Für unsere beiden Kinder Ricky und Silja war das eine schlimme Zeit, auch wenn beide nicht mehr bei uns wohnten. Und die Sorge um die Gesundheit meiner Schwiegereltern sollte unsere Sorgen und Probleme vorerst in den Hintergrund drängen.

Margot – Glauben macht stark

Es gibt Augenblicke im Leben, die alles mit einem Schlag verändern, die deinen gewohnten Tagesablauf über den Haufen werfen, wo du alles sofort stehen und liegen lässt. Mich traf so ein Schicksalsschlag eines Morgens Ende Januar 1998.

Ich saß wie jeden Morgen allein an dem kleinen braunen Holztisch in der Küche und las in der Bibel. Da klingelte das Telefon. Am anderen Ende die aufgeregte Stimme von unserem Vater: »Deine Mutter hatte einen Schlaganfall. Sie ist im Krankenhaus.« Sofort setzte ich mich ins Auto, holte meinen Vater ab – meine Eltern wohnten inzwischen in München am Maximiliansplatz – und wir fuhren ins Krankenhaus. Paps sah sehr blass und niedergeschlagen aus. Und das schon seit einigen Wochen. Nachdem uns die Ärzte über den Zustand der Mutti beruhigt hatten, überredeten die Ärzte und ich den Paps zu einer Routine-Untersuchung. Die Schockdiagnose: Blutkrebs im fortgeschrittenen Stadium. Wir waren sprachlos und zutiefst erschüttert. Die Ärzte ließen ihn nicht mehr nach Haus, sie behielten ihn sofort da, eine intensive Behandlung begann. Für uns eine schwere Zeit, beide Eltern im selben Krankenhaus, nur in verschiedenen Abteilungen.

Während sich unsere Mutti langsam erholte, verschlechterte sich der Zustand unseres Vaters zunehmend. Mit Chemotherapie gaben ihm die Ärzte noch drei Monate, ohne nur noch drei Wochen. Obwohl wir wussten, wie belastend die Chemotherapie sein würde, haben wir uns recht schnell dafür entschieden. Und das war gut, denn so blieb dem Paps noch Zeit, sein Leben zu ordnen und Menschen, die ihm viel bedeuteten, noch einmal zu sehen. Meine Schwester Evi und ich wechselten uns täglich ab: Einmal war sie beim Paps und ich bei der Mutti, dann wieder umgekehrt. Eines Nachts Ende Februar war der Zustand vom Paps so dramatisch, dass sein Leben jede Sekunde zu Ende sein konnte. Er hatte die Augen geschlossen und stöhnte leise. Uns konnte er gar nicht mehr wahrnehmen. In meiner Not betete ich zu Jesus und es fiel mir diese Bibelstelle ein:

»Ist jemand unter euch krank, der rufe zu sich die Ältesten der Gemeinde, dass sie über ihm beten und ihn salben mit Öl im Namen des Herrn. Und das Gebet des Glaubens wird dem Kranken helfen, und der Herr wird ihn aufrichten« (Jakobus 5,14.15; Luther-Bibel).

Öl! Ja, warum nicht. Ich hatte zwar so etwas bisher noch nie gemacht. Doch dem Paps ging es so schlecht, dass dies der falsche Augenblick für zögerliche Zurückhaltung war. Ich dachte nicht lange darüber nach, lief zur Schwesternstation und verlangte Öl. »Wozu brauchen Sie denn das?« – »Das sag ich Ihnen morgen.« Die Schwester schaute ziemlich erstaunt, gab mir aber schließlich eine Flasche Salatöl aus der Küche. Zurück im Krankenzimmer lasen Evi und ich noch einmal besagte Bibelstelle. Ich salbte Paps mit diesem Öl ein und bat Jesus, er möge ihn diese Nacht überleben lassen. Etwa eine halbe Stunde lang verbrachte ich mit meiner Schwester im Gebet.

Irgendwann liefen mir die Tränen dermaßen übers Gesicht, dass ich kein Wort mehr sagen konnte. Evi betete dann allein weiter. Unser Vater bekam von alledem nichts mit, doch auf einmal hörte er auf zu stöhnen. Er wurde ganz ruhig und über dem Zimmer breitete sich unglaublicher Frieden aus. Da sagte ich zur Evi, dass wir jetzt beruhigt nach Hause gehen könnten.

Als wir am nächsten Morgen das Zimmer betraten, war gerade Visite. Die Ärzte waren sichtlich verwundert, denn unser Vater wirkte munter und beantwortete sogar ihre Fragen. Das konnte aus ärztlicher Sicht eigentlich gar nicht sein. Es wurden ihm auch keine anderen Medikamente als sonst verabreicht. Für die offensichtliche Verbesserung seines Zustands hatten die Ärzte keine medizinische Erklärung. Und dann erzählte ich der Nachtschwester, wofür ich das Öl gebraucht hatte. Ihr leichtes Kopfschütteln und ihr ungläubiger Blick waren mir egal. Hauptsache, der Paps hatte die kritische Nacht überstanden.

In den folgenden Monaten waren Evi und ich täglich bei ihm im Krankenhaus, manchmal zwölf Stunden oder länger. Ich saß an seinem Bett, hielt seine Hand und las ihm aus der Bibel vor. Dabei zeigte der Paps öfters auf das in der Sonne funkelnde goldene Turmkreuz der Kirche, die er durch das Fenster sehen konnte. Wir führten intensive Gespräche über das Leben und Sterben, über Zeit und Ewigkeit, über Vergangenheit und Gegenwart, über die abwechslungsreichen Geschicke der Familie. Er musste ganz einfach bislang Unausgesprochenes und manches für mich Überraschende loswerden, er wollte mit sich und seiner Familie ins Reine kommen. Früher hätte er das nie gemacht. Er war immer derjenige, der mit beiden Beinen im Leben stand und der die Sachen selbst anpackte. Sterben war für ihn nie ein Thema gewesen. Jetzt war das anders. So unmittelbar vor dem nahen Ende stellte er sich schon die Frage: Was kommt danach?

Und es ging noch einmal bergauf mit ihm. Nach schmerzhaften Rückenmarks- und Knochenpunktionen kam er zur Reha nach Bad Wiessee am Tegernsee – ganz in die Nähe von Evis Haus. Dort konnte er endlich wieder Besucher empfangen. Anfangs freute er sich riesig über die vielen Menschen, die kamen. Aber er geriet schnell an die Grenzen seiner körperlichen und geistigen Belastbarkeit. Er war doch ziemlich schwach. Dann hängte er einen Zettel an seine Tür: »Liebe Besucher, bitte seid mir nicht böse, aber ich bin noch krank. Bitte bleibt deshalb nicht länger als zehn Minuten.« Eins ließ sich der Paps durch seine Krankheit aber nicht nehmen: seine Großzügigkeit. Sein Kleiderschrank war bis obenhin mit Geschenken gefüllt – Spielzeug für die Kinder, Uhren und andere Aufmerksamkeiten für die Erwachsenen. Natürlich waren auch seine geliebten Maria-Theresien-Taler darunter. Er wollte für sich keine Geschenke haben, sondern er wollte welche machen. Jeden Besucher fragte er: »Habt Ihr Kinder? Mädchen, Buben? Schaut's in den Kasten, sucht's Euch etwas aus.«

Doch schon bald, die Ärzte hatten uns darauf vorbereitet, kam ein neuer heftiger Krankheitsschub. Sein Zustand verschlechterte sich dramatisch. Unser Vater, der große, starke Friedrich Jahn, der die meiste Zeit seines Lebens auf der

Überholspur gelebt hatte und nach Niederlagen immer wieder aufgestanden war, ahnte wohl, dass er diese Krankheit nicht besiegen konnte. Irgendwann hörte er auf, seine Tabletten zu nehmen und zog sich die Infusionsnadel, über die er künstlich ernährt wurde, einfach heraus.

Einen letzten Höhepunkt in seinem Leben wollte der Paps aber unbedingt noch feiern: die Goldene Hochzeit, das 50-jährige Ehejubiläum von Friedrich und Hermine Jahn, geborene Götzenbrugger. Es war der 24. Oktober 1998. Im Dezember wäre er 75 Jahre alt geworden. Doch dieser besondere Geburtstag war ihm völlig gleichgültig – obwohl er seinen 70sten noch ganz groß mit über 800 Gästen im Hofbräuhaus gefeiert hatte. Das Einzige, was jetzt noch unbedingt sein musste, war diese Goldene Hochzeit. Das Fest war dem Paps so wichtig, dass er zu diesem Anlass goldene und silberne Jubiläumsmünzen mit den Porträts von sich und seiner geliebten Hermine prägen ließ.

Der Hochzeitstag, strahlend, wolkenlos, himmelblau, wurde mit einem Gottesdienst in der kleinen, wunderschönen St. Anna-Kirche im Münchner Lehel gefeiert. Ich saß mit unserer Mutti auf einer kleinen Bank vor der Kirche. Da kam Evi mit unserem Vater vorgefahren. Er konnte zu der Zeit schon gar nicht mehr richtig gehen. Deshalb hatte er immer einen Rollstuhl dabei. Als der aus dem Kofferraum geholt wurde, wehrte er sich heftig: »Das kommt überhaupt nicht in Frage. Ich gehe zu Fuß!« Dann kam er langsam auf uns zu, verneigte sich kurz vor der Mutti, reichte ihr seinen Arm und führte sie in die Kirche zu den beiden Betstühlen vor dem Altar. Man konnte ihm ansehen, dass ihm dieser Weg unendlich schwerfiel. Doch da wollte er sich ein letztes Mal keine Blöße geben. Diese enorme Disziplin war sehr bewundernswert und beeindruckend. Es wurde zu einer letzten Demonstration von Stärke und Willen, eben jener Eigenschaften, die sein ganzes Leben und seine Erfolge geprägt hatten. Als dann noch in der Kirche die »Deutsche Messe« von Franz Schubert festlich erklang, der ausdrückliche Wunsch vom Paps, konnten wir unsere Tränen nicht mehr zurückhalten. Wir fühlten, das war der Abschied.

Nach dem Mittagessen in einem kleinen Restaurant fuhren wir, die Familie, in die Wohnung der Eltern. Unser Vater setzte sich an seinen Schreibtisch, schaute sich alles noch einmal ganz ruhig an, wandte sich plötzlich an die Mutti und sagte: »Schön hast du's hier.« Sie schaute etwas verdutzt drein: »Wieso ich? Wir!« Darauf der Paps: »Nein. Du!« Er wusste genau, dass er zum letzten Mal in dieser Wohnung sein würde.

In der Nacht zum 15. Dezember – zwei Wochen vor seinem 75. Geburtstag – waren sein Leben und sein Leiden zu Ende. »Mit Friedrich Jahn starb«, um eine Schlagzeile der Tageszeitungen zu zitieren, »der ungekrönte Restaurantkönig des westlichen Nachkriegsdeutschlands«.

Am letzten Tag in seinem Leben saßen wir drei, Mutti, Evi und ich, an seinem Krankenbett. Nachdem meine Mutti und meine Schwester müde und erschöpft weggegangen waren, die Ärzte hatten für diese Nacht Entwarnung gegeben, wollte ich noch beim Paps bleiben. Wie unzählige Male zuvor betete ich mit ihm, hielt dabei seine Hand. Dann sah er mich noch einmal an und schloss seine Augen. Für immer. Es war ein Abschied in Würde und Frieden. Die Nachtschwester sagte mir, sie habe in all den Jahren noch nie einen Menschen mit so einer schlimmen Krankheit so friedlich sterben sehen.

Als er so ruhig und gelöst dalag, gab ich ihm das stumme Versprechen: »Paps, wir holen den ›Wienerwald‹ wieder heim in die Familie!« Das ist uns dann 2007 nach vielen Überlegungen und zähen Verhandlungen mit einem enormen finanziellen Kraftakt auch gelungen. Leider konnten das unsere Eltern nicht mehr erleben. Vielleicht hat uns ja der Paps dabei mit göttlicher Unterstützung geholfen. Ich glaub's ganz fest! Und trotz aller Traurigkeit hatte ich zum ersten Mal das Gefühl, mit meinem noch jungen, aber bereits starken Glauben einem Menschen Trost und Zuversicht in die Gnade Gottes vermittelt zu haben.

Denn auf seinen Zettel mit den gesammelten Zitaten hatte er noch einen letzten, für ihn sehr wichtigen Bibelspruch aufgeschrieben:

Was du willst, das man dir tut, das tu auch du den andern (Matthäus 7,12; freie Bibel-Übersetzung).

Licht am Ende des Tunnels

Ihr Männer, liebt eure Frauen, wie auch
Christus die Gemeinde geliebt hat.
(Epheser 5,25; Luther-Bibel)

Günter – Rückfall und Einsicht

Mit dem Tod meines Schwiegervaters kehrten unsere Probleme stärker denn je zurück. Natürlich versuchte ich Margot während der langen Krankheit ihres Vaters zu trösten und in der Trauer öfter für sie da zu sein. Doch diese Phase war nur von kurzer Dauer. Die Krise war zurück, wir gingen wieder getrennte Wege, sogar in unserem Haus. Unsere gemeinsamen Freunde wurden stutzig, denn immer öfter sahen sie mich in der Öffentlichkeit ohne Margot, aber mit anderen Bekannten. Ein ungewohntes Bild.

2003 erreichte unsere Krise ihren Höhepunkt. Die Fronten waren verhärtet, wir hatten uns kaum noch etwas zu sagen und sahen uns höchstens kurz im Geschäft. Sonst nicht. Die Abende verbrachte ich allein. Mir stand der Sinn nicht nach Amüsement, nach Smalltalk, nach fadenscheinigen Erklärungen für meinen Alleingang. Doch langsam wurde mir klar, dass unsere Ehe auf des Messers Schneide stand. Ich hatte noch einmal versagt, hatte mein Versprechen gebrochen, war rückfällig geworden. Ich musste mich ändern, musste wieder stärker auf die Margot zugehen, es wäre sonst das endgültige Aus für unsere Ehe gewesen.

Zum ersten Mal nach unendlich langer Zeit suchte ich Rat im Gebet. Ich bat Gott um Hilfe, unsere Ehe zu retten. Ich liebte Margot und wollte sie nicht verlieren. Aber wir bewegten uns in den letzten Monaten und Jahren nicht mehr auf einer Ebene. In dieser schier ausweglosen Situation suchte ich das Gespräch, suchte Hilfe bei einem befreundeten christlichen Ehepaar in der Schweiz. Die Ehe, die diese beiden führten, war mir immer ein Vorbild. Die beiden erzählten mir, das Geheimnis einer glücklichen Beziehung und Ehe sei vor allem, dass jeder Partner zunächst auf den anderen schaut und dafür sorgt, dass es diesem gut geht und er glücklich ist. Diesbezüglich hatte ich sehr viel falsch gemacht, hatte ein enormes Beziehungsdefizit, hatte meiner Frau in den letzten Jahren absolut zu wenig Beachtung geschenkt, ihre Probleme bagatellisiert. Aber wie konnte ich das aus eigener Kraft ändern?

Ich wusste, dass der Leiter der südafrikanischen Missionsstation Sizabantu gerade am Bodensee war. Ihn und seine beispielhafte Missionsarbeit hatten wir mit großer Bewunderung bereits kennengelernt. Ihn musste ich treffen. Wir führten ein langes und schonungslos offenes Gespräch, wie es Männer in solchen Situationen wohl nur mit Männern führen können. Ich habe mir alles, aber auch alles von der Seele geredet, mein ganzes Herz ausgeschüttet und alle Fehler, die ich gemacht habe, beim Namen genannt. Ich wollte einen radikalen Neuanfang und alles, was hinter mir lag, loslassen.

Nach dieser Lebensbeichte fühlte ich mich unvergleichlich besser: Ich war mir sicher, dass Gott mir meine Fehler der letzten Jahre, die ich tief und ehrlich bereute, vergeben würde. Ich wusste, so wie bisher konnte und wollte ich nicht weiterleben. Auf der Fahrt zurück nach München beschäftigte mich nur ein Gedanke: Hoffentlich kann mir Margot auch vergeben. Und wir haben uns ausgesprochen – stundenlang. Zum ersten Mal seit Jahren über alles, was uns bewegte, schonungslos und offen geredet. Es flossen viele Tränen. Missbrauchtes Vertrauen, mangelnde Wertschätzung, gebrochene Versprechen über Jahre hinweg lassen sich auch in einem mehrstündigen Gespräch nicht einfach aus der Welt schaffen.

In dieser misslichen Situation kam die Einladung eines befreundeten Ehepaares gerade recht. Ute und Lutz Kettwig boten auf Schloss Klaus in Oberösterreich christliche Eheseminare an. Wir sahen darin für uns eine letzte große Chance. Das Schloss in reizvoller landschaftlicher Umgebung – inmitten von Bergen an einem See gelegen – war genau der richtige Ort, um unser Eheversprechen zu erneuern, das wir uns vor 33 Jahren in Wien in der Hofburgkapelle gegeben hatten. Um dieses Versprechen zu vertiefen, nahmen wir an einem Partnerseminar dieser beiden erfahrenen Eheberater teil. Das Thema:»Landschaften einer Ehe.« Ziel des Seminars war es, den Partner möglichst genau kennenzulernen. Du denkst zunächst:»Was soll das? In all den Jahren einer Ehe weiß man doch alles über den anderen.« Dass das auch nach mehr als drei Jahrzehnten Ehe keinesfalls so ist, merkten wir gleich zu Beginn. Es galt, 20 Fragen auf einer sogenannten Partnerlandkarte zu beantworten. Die meisten konnten wir relativ schnell beantworten – etwa:

Ich kann die besten Freunde meines Partners nennen.
oder:
Ich bin mit den religiösen Überzeugungen meines Partners vertraut.
oder:
Ich kann das schwerwiegendste Ereignis nennen, das meinem Partner in seiner Kindheit widerfuhr.
oder:
Ich weiß, welche Musik mein Partner am liebsten mag.
Bei anderen Themen musste zumindest einer von uns passen. Etwa bei dem Satz:

Ich kann einige der Lebensträume meines Partners nennen.
oder:
Ich kenne die wichtigsten Ängste, von denen mein Partner derzeit heimgesucht wird.
oder:
Ich befrage meinen Partner regelmäßig über seine Vorstellungen und Erfahrungen.
Nicht einmal die Aussage:
Ich wüsste, was mein Partner tun würde, wenn er plötzlich im Lotto gewinnen würde, konnten wir beantworten.

Das waren nur ein paar Beispiele von praktischen Fragen, die sich Ehepartner von Zeit zu Zeit stellen sollten. Damit sollten sie sich in der Hektik und den Ablenkungen des Alltags wieder bewusster miteinander beschäftigen und so die Sorgen, Nöte, aber auch das Erfreuliche mit dem Partner teilen.

Doch letztendlich waren es Bibelverse über die Ehe aus dem Epheserbrief 5,21-33, die unseren Neuanfang beeinflusst haben und zu unserem Lebensmotto geworden sind.

Margot – Die Wahrheit und das Licht

Es stimmt, es war eine bittere Erfahrung, eine dunkle Zeit in meinem Leben und die schwierigste Zeit in unserer Ehe. Vielleicht hätte ich etwas weniger euphorisch, etwas weniger bestimmend, etwas weniger ultimativ mit meiner neu gewonnenen Glaubensüberzeugung umgehen sollen, um mir nahestehende Menschen, besonders den Günter, zu überzeugen und zu mir zurückzuführen. Aber ich konnte und wollte mich nicht mehr verstellen. Was sollte ich auf Empfängen mit der ermüdenden, stets gleichen und gleichgültigen Smalltalkgesellschaft? Wen interessieren da schon wirklich die Probleme des anderen. Geschäftstermine selbstverständlich, davon lebten wir schließlich. Aber in meiner Freizeit brauchte ich das nicht länger. Ich wollte einfach meine freie Zeit sinnvoll nutzen, ich wollte alles über den Glauben wissen und hätte am liebsten jede Woche ein neues Seminar besucht.

Doch da war noch die Sorge um unsere Mutter. Nach ihrem Schlaganfall, von dem sie sich nie mehr richtig erholt hatte, kümmerten wir, die Evi und ich, uns abwechselnd um sie. Eine letzte große Freude war für sie dann noch der 50. Geburtstag meiner Schwester, eine Riesenfeier am Tegernsee, an der die gesamte Familie mitgewirkt hat. Ihr älterer Sohn Dany als »Elvis in Las Vegas«, ihr jüngerer, der Yvo, als Sammy Davis jr. gemeinsam mit unserem Ricky als Frank Sinatra mit dem Duett »Me and my shadow«, unsere damals hochschwangere Silja als Ella Fitzgerald, mein Günter als Humphrey Bogart in »Casablanca« mit dem Welthit »As time goes by« – »Ich schau dir in die Augen, Kleines«, und am Ende die Mutti mittendrin mit uns allen, verkleidet als Weihnachtsmänner in Anspielung an Evis üppige Christmas-Dekorationen in ihrem Heim am Tegernsee. Kurz danach, fast auf den Tag genau wie der Paps, nur drei Jahre später, am 13. Dezember 2001, hat sich auch die Mutti von uns und ihrem Leben verabschiedet. Ohne Paps – da fehlte ihr die Hälfte ihres Lebens.

Ich hatte versucht, auch sie in unseren Bibelkreis und in den christlichen Glauben einzuführen. Ob sie es in ihrem Zustand noch verstanden hat? Ich glaube schon, denn sie fühlte sich zunehmend wohler in dieser Gemeinschaft und erlebte im Gebet die Befreiung von so manchen Ängsten, die sie bedrückten. Ich bin zuversichtlich, dass ich meine geliebten Eltern bei Jesus in der Ewigkeit wiedersehen werde.

Jetzt konnte ich mich voll auf mich und mein Leben konzentrieren. Ricky und Silja hatten bereits ihre eigenen Familien. Ich hatte viel Zeit, über meine Situation und die Folgen nachzudenken. Eine neuerliche Kränkung würde das endgültige Aus, den endgültigen Schlussstrich unter unsere Ehe bedeuten, nicht aber für meinen Glauben an Jesus.

Doch auch diese Erfahrung blieb mir leider nicht erspart – das war 2003. Eine Trennung schien unvermeidlich. Jetzt musste ich mir endlich ultimative Klarheit verschaffen, und das ging nur, indem ich mich vollständig von sämtlichen Repräsentationspflichten zurückzog. Die Silja übernahm bis auf Weiteres meinen Part.

Andererseits – kampflos aufgeben? Den vermeintlichen Triumph anderen überlassen? Mein Glaube gab mir doch Stärke, Kraft und Hoffnung. Ich musste mich der Situation stellen, musste über eine Auszeit zu einem neuen Anfang gelangen. Ein letzter Versuch – das christliche Eheseminar bei unseren Freunden in Schloss Klaus.

Dort wurden wir, der Günter und ich, aufgefordert, unter anderem unsere Erwartungen an die Ehe zu benennen, jeder seine ganz persönlichen. Es war das erste Mal, dass wir unsere Beziehung analysierten. Dabei wurde uns sehr deutlich, dass unsere Bedürfnisse zwar ähnlich, aber nicht identisch waren. Ich als Frau wünsche mir eine wertschätzende Liebe, der Günter eher eine liebende Wertschätzung. Während mir seine Nähe am wichtigsten ist, dass er mit mir redet, von sich erzählt, mir zuhört, zu mir steht und mir seine Liebe zeigt, braucht er dagegen nichts so sehr wie Achtung und Anerkennung – dass ich schätze, was er leistet, dass ich ihm gleichsam als beste Freundin zur Seite stehe. Und da sollten Verse aus dem biblischen Epheserbrief zum Leitbild unseres gemeinsamen Neuanfangs werden:

Belügt euch also nicht länger, sondern sagt die Wahrheit ... Wenn ihr zornig seid, dann macht es nicht noch schlimmer, indem ihr unversöhnlich bleibt. Lasst die Sonne nicht untergehen, ohne dass ihr euch vergeben habt ... Mit Bitterkeit, Jähzorn, Wut, gehässigem Gerede oder anderen Gemeinheiten sollt ihr nichts mehr zu tun haben. Seid vielmehr freundlich und barmherzig, immer bereit, einander zu vergeben, so wie Gott euch durch Jesus Christus vergeben hat (Epheser 4,25+26,31+32; Hoffnung für alle-Bibel).

Diese Worte haben uns so nachhaltig beeindruckt und sich so eingeprägt, dass wir damit unseren Neuanfang besiegeln wollten. Wenn der Apostel Paulus diese hohen Maßstäbe Gottes hatte für den Umgang von Christen miteinander, warum sollte das nicht umso mehr für eine Ehe gelten? Und warum nicht ebenso für unsere? Schließlich wurde auch aus dem streng jüdisch und als Pharisäer erzogenen Saulus durch seine visionäre Begegnung mit Jesus der Apostel Paulus, der das Christentum wie kaum ein anderer Apostel geprägt hat.

Mit diesem Bibelvers haben wir unser Eheversprechen wiederholt, haben neu, aufrichtig und aus vollem Herzen Ja gesagt – zueinander und zu Jesus. Dieser Bund ist vergleichbar mit einer Schnur – einer dreifach gedrehten Schnur, die hält schließlich auch fester als eine zweifach gedrehte. So sind wir überzeugt, dass eine Ehe, in der sich beide Partner nicht nur einander, sondern auch Gott gegenüber verantwortlich fühlen, beständig hält. Wir haben es erlebt und erleben es von Tag zu Tag neu. Gottes Wort ist die Wahrheit und erfüllt unser Leben mit Licht. Und Freude.

Eine neuerliche Hochzeit gab es nicht. Doch wir legten vor Zeugen das Versprechen ab, dass wir fortan einander ganz neu achten und lieben wollen und alles tun werden, um ein für alle Mal Entwicklungen, wie wir sie in der Vergangenheit mit bittersten Erfahrungen erleben mussten, zu vermeiden.

Diese völlig neue Situation war für uns aufregend, anregend und auch mit Neugier verbunden. Da war diese neue Freude am Partner, diese wundervolle Versöhnung, das langsame Aufeinanderzugehen, das völlig neue Kennenlernen. Wir sind auf einmal viel behutsamer miteinander umgegangen. Es war wie ein neues Werben umeinander, von zwei Menschen, die überzeugt gewesen waren, sich bereits restlos gekannt zu haben. Ein echter Neuanfang, den wir von Herzen gemeinsam vor Gott besiegelt haben.

Anerkennung und Vorbild

Weidet die Herde Gottes, nicht als Herren über die
Gemeinde, sondern als Vorbilder der Herde.
(1. Petrus, 5,3; Luther-Bibel)

Günter – Mit Erfahrung helfen

Nun, Margot und ich waren uns einig über unseren weiteren Lebensweg.

Was wir in unserer Ehe durchgemacht haben, ist ja den meisten nicht verborgen geblieben. Deshalb spüren wir jetzt auch viel Vertrauen und Achtung, weil viele miterleben, wie unsere Ehe durch den Neuanfang mit Jesus wieder geheilt wurde und dass uns eine ganz neue und innige Liebe verbindet. Und so ist es uns auch ein großes Anliegen, dass die Menschen in unserer Umgebung, die Familie, die Freunde, die Geschäftspartner, die Mitarbeiter uws. an uns und unserem neuen Leben erkennen, dass es keine noch so großen Schwierigkeiten und Probleme gibt, die nicht im Glauben an Jesus bewältigt werden könnten. Wir empfinden es als Geschenk und als Ehre, wenn Menschen bei uns Rat suchen. Wir lernen dabei, bei solchen Gesprächen behutsam vorzugehen. Manche sind bereit und offen für die hilfreichen Worte aus der Bibel. Andere blocken ab und verweigern sich diesem Thema. Da heißt es dann für uns, einfühlsam sein. So mancher Ratsuchende fühlt sich vielleicht von den für ihn bislang unbekannten Bibelsprüchen überfordert. Das kann manchen, so wie auch mich damals, abstoßen. Für Margot und mich ist es sehr wichtig geworden, Ratsuchende spüren zu lassen, dass wir ein ehrliches, aufrichtiges Interesse an ihren Problemen und Sorgen haben. Und so nehmen wir uns viel Zeit zum Zuhören. Unsere eigenen Interessen bleiben dabei hintangestellt. Das ist für uns Nächstenliebe. Und wer hat nicht Sehnsucht danach?

Wir meinen auch, die Menschen um uns herum sollen spüren, dass ein Leben als Christ in einer Vertrauensbeziehung mit Jesus Freude macht.

Um die entsprechende Publicity für unseren Glauben mussten wir uns gar nicht groß bemühen. Die kam von ganz allein. Die »Münchner Abendzeitung« und die »Bild« gaben uns die Möglichkeit, ausführlich über unseren Weg aus der Krise zu berichten. Das tun wir auch als Referenten bei verschiedenen Seminaren. Dabei werden wir immer auf die Bibel angesprochen, werden gefragt, was uns im Buch der Bücher besonders wichtig und hilfreich bei der Lösung von Problemen geworden ist. Es ist der Psalm 25 von David:

Auf dich, Herr, richte ich Herz und Sinn.
Dir, meinem Gott, vertraue ich;
enttäusche mich nicht!
Diesen Triumph dürfen meine Feinde
nicht haben!
Enttäuscht wird niemand, der auf dich hofft;
aber wer dich treulos verlässt, wird zuschanden.
Herr, zeig mir den Weg, den ich gehen soll;
lass mich erkennen, was du von mir verlangst.
Lehre mich, in Treue zu dir mein Leben zu führen.
Du bist doch der Gott, bei dem ich Hilfe finde;
auf dich hoffe ich zu jeder Zeit.
Herr, denke an deine Güte und dein Erbarmen,
die du von Anfang an deinem Volk erwiesen hast.
Denke nicht mehr an die Fehler meiner Jugend,

auf deine Güte, Herr, verlasse ich mich!
aber denke an mich in deiner Liebe –
auf deine Güte, Herr, verlasse ich mich!
Gut und zuverlässig ist der Herr:
Den Sündern zeigt er den richtigen Weg;
den Entrechteten verhilft er zu ihrem Recht
und lehrt sie, seinen Willen zu erkennen.
Alles, was der Herr tut, ist Güte und Treue
für die, die seinen Bund achten
und seinen Weisungen gehorchen.
Dein Name, Herr, bürgt für deine Liebe
vergib mir meine Schuld –
sie ist so groß!
Wie steht es mit den Menschen,
die den Herrn ernst nehmen?
Der Herr zeigt ihnen den Weg,
den sie gehen sollen.
Sie leben selbst im Glück und Frieden
und seinen Kindern wird das Land gehören.
Alle, die den Herrn ernst nehmen,
zieht er ins Vertrauen
und enthüllt ihnen das Geheimnis seines Bundes.
Meine Augen blicken immer zum Herrn;
er wird meine Füße aus dem Fangnetz ziehen
Herr, wende dich mir zu und hab Erbarmen;
ich bin so allein und hilflos.
Die Angst presst mir das Herz zusammen.
Mach mich frei, nimm den Druck von mir.
Sieh doch mein Elend an und meine Not!
Vergib mir meine ganze Schuld!
Sieh meine Feinde, Herr: Es sind so viele,
sie hassen mich mit hemmungslosem Hass.
Beschütze mein Leben und rette mich!

Bei dir suche ich Zuflucht,
enttäusche mich nicht!
Hilf mir, rein und redlich zu leben.
Herr, ich rechne mit dir ...
(Gute Nachricht-Bibel)

Ich gebe diesen Psalm herzlich zu Ihrer Verwendung, liebe Leserin, lieber Leser, weiter. Probieren Sie ihn aus. Er hilft in vielen Situationen. Sie dürfen mir glauben.

Unser Neubeginn mithilfe der Bibel stellte natürlich so manche Freundschaft auf die Probe. Wir wurden jetzt kritischer beobachtet als früher. Eine Frage, der wir uns immer wieder stellen mussten:»Dürft ihr denn das? Gastronomie und Gottesdienst, Bibel und Bier?« Viele meinten, ein Leben als Christ sei gleichbedeutend mit Askese oder Weltflucht. Dazu kam dann noch im katholisch geprägten Bayern die Tatsache, dass wir uns einer Freikirche anschlossen.

»In der Heimat des Papstes! Hier evangelisch-lutherisch oder gar freikirchlich zu sein – das ist etwa so, wie wenn auf dem Oktoberfest nur noch stilles Wasser ausgeschenkt werden würde. Das geht doch nicht«, so und ähnlich waren die Kommentare.

Es geht sehr gut, denn dieses freikirchliche Gospel-Life-Center in einem Münchner Vorort bietet als Gemeinde ein vielseitiges Programm: Gottesdienste für alle Altersgruppen, vom Baby-Club über Kinder, vom Jugendgottesdienst bis hin zu christlichen Pfadfindergruppen, regelmäßige Schulungen und Kurse zu den verschiedensten Themen christlichen Lebens. Wir haben uns dieser Gemeinde angeschlossen, weil wir erlebten, dass es hier nicht nur um Tradition geht, sondern vielmehr darum, im persönlichen Glauben weiterzukommen. Hier sind im Gegensatz zu vielen anderen Kirchengemeinden Fragen sehr wohl erwünscht.

Natürlich gibt es Situationen, in denen es uns mit unserem Glauben schwerfällt, mitzumachen. Wir meiden Gesellschaften, wo in fortgeschrittener Atmosphäre schlüpfrige Witze und anrüchige Zoten zum Höhepunkt eines Abends gehören. Oder so manche moderne Theateraufführung, in der Nacktheit auf der Bühne offensichtlich Pflicht ist. Auch in der Musikauswahl im Hofbräuzelt hab ich seit 2003 einiges geändert: »Highway to hell« von AC/DC beispielsweise gehört der Vergangenheit an. Ich finde, man soll die Hölle nicht verherrlichen, auch wenn die meisten Besucher den Text gar nicht verstehen. Früher haben wir uns, Margot und ich, ständig Gedanken darüber gemacht, was andere über uns denken und ob sie uns noch mögen, weil wir uns anders verhalten, als sie es von uns gewohnt waren.

Heute halten wir es mit einem Ausspruch unseres früheren Ministerpräsidenten und Freundes Franz-Josef Strauß, der, wenn er sich wieder einmal in unserem Stüberl über die heftigen Angriffe seiner politischen Gegner geärgert hatte, diese kurz und treffend kommentierte: »Everybody's darling is everybody's Depp!«

Unsere konsequente Hinwendung zum christlichen Glauben hatte auch zur Folge, dass sich mein langjähriges zwiespältiges Verhältnis zu meinem Vater geändert hat. Ich hatte lange mit ihm gehadert, weil er für mich durch sein egoistisches, unbeugsames und kränkendes Verhalten unserer Mutter gegenüber, die ich über alles geliebt habe, mitschuldig an ihrem frühen Tod im Alter von gerade mal 73 Jahren gewesen war. Ihr schweres Krebsleiden hatte sicher auch psychosomatische Ursachen.

Doch in den letzten Jahren seines Lebens konnte ich mich nach langer Überwindung endlich mit ihm aussprechen, ihn wieder ohne Ressentiments herzlich umarmen, ihn an unseren Glauben heranführen und ihn mitnehmen zu den sonntäglichen Gottesdiensten. Das ging dann so weit, dass er es deutlich anmahnte, wenn ich einmal vergaß, vor dem Essen ein Dankesgebet zu sprechen.

Seinen 90. Geburtstag, am 24. August 2004, haben wir noch groß und ausgiebig mit seinen engsten Freunden bei uns im Hofbräukeller gefeiert. Und er ließ es sich nicht nehmen, natürlich erst nach akklamierten Aufforderungen – Künstler wollen gebeten werden –, sein Lieblingsgedicht aus seiner Heimatstadt im rheinländischen Dialekt vorzutragen.

Für uns ein bleibendes Dokument seines Humors und seiner Lebensfreude:

Die Düsseldorfer Kirmes [4]
(Paul Gehlen, Heimatdichter, 1891-1950)

Wenn das Thermometer fleißig
*   klettert über dreiunddreißig*
und die Sonne lacht so heiter
*   und sie klettert immer weiter*
bis bei vierzig Grad im Schatten
*   Mensch und Tiere schon ermatten,*
dann ist rechte Fröhlichkeit –
*   »Düsseldorfer Kirmeszeit«.*
Mittags stellt sich alles ein,
*   fährt und wandert übern Rhein,*
dort herrscht Lust und lauter Jubel –
*   Düsseldorfer Kirmestrubel.*
Schon am Schiffchen geht es los:
*   »Einen Groschen zahlt man bloß*
für die seltenen Genüsse,
*   prima Eis und Kokosnüsse!«*
Alles schiebt und drängt und lacht

in die bunte Kirmespracht.
»Kirsche groß wie Kinderköpp,
    keine Kirmes ohne Möpp,
    hier darf keiner stehn und zagen,
        jeder muss den Groschen wagen!
Bitte treten Sie nur ein,
    hier zahlt alles, Groß und Klein,
einen Groschen für den Spaß ...
    Oooooraaa Goooraaa! Was ist das?
Oooooraaa Goooraaa die Riesenschlange,
    die fünfundvierzig Meter lange,
frisst Buchweizenmehl und Sauerteig,
    belegte Brödchen, alles gleich.
Paart sich mit Eidechsen und andern Schlangen,
    legt Eier, frisst Telegrafenstangen ...
Aaahaaaa! Ahaaaaa, das muss man gesehen haben:
    drei Tage lebendig begraben
der indische Fakir O-Min-Nas
    mit seinen lebendigen Dromedars.
Das schöne Meerweib ist hier zu sehn,
    da darf keiner draußen stehn.
Nur immer rein, ob arm ob reich,
    die Vorstellung beginnt sogleich.
Hören Sie, wie sich alles amüsiert,
    nur immer fleißig reinspaziert!
Kasseeee, zur Kasseeee, meine Herrn!« –
    »Schießense mal«, tönt es von fern.
Hier rast das Karussell vorbei,
    dort platzt ein Luftballon entzwei,
hier gibt es Brödchen, heiße Wurst,
    da stillst du deinen Riesendurst.
»Ober, ein Helles! Nä zwei, nä drei!
    Achtung, Fettflecke!« Jetzt ein Schrei:

»Musik – Tusch!« Dat schöne Kleid,
   is ganz voll Bier, dat arme Weit!«
»Ach Gott, wie schrecklich, sieh mal Schatz,
   Jangk häng et druusse op de Latz«,
ruft lustig einer aus der Menge.
   Dann schiebt sich weiter das Gedränge.
»Haut ihn! Haut den Lukas mal!« –
   »Komm Pitter, schlag ihn ratzekahl!«
»Haut den Lukas auf den Kopp!« –
   »Jong, du triffs jo nit dr Knopp!«
»Wer will mal sein Glück probieren?
   Wer lässt sich elektrisieren?«
»Loosse mer uns noch eene dringke!
   Och süch da! Et Schmitze Stingke!«
»Hat Ihr dr Köbes nit gesenn?« –
   »Jott, wat schreit dat Jöngke denn?«
»Mammaaa! Mammaaa!« – »Nä wat Minsche,
   sonn Raabemotter sollt mer lynsche!
Dat Wörmke so em Stich ze looße!« –
   »Freesche Veilches! Freesche Rose!«
»Ein Loos gefällig? Wohlfahrtslotterie!« –
   »O Jott, mich deht dr Kopp schon wieh!«
»Vorsicht, Achtung!« Wieder Geschrei,
   jetz kömmt dr Schötzezog vorbei!
»Süch ens dr Schäng, wie fein dä es!
   On kick ens do, dr Schmitze Chreß!«
»Chrestian, scheß die Plaat eraf!« –
   »Wat sähste vom Bätes? Do beste paff,
wie goht demm dä gröne Anzug steht,
   wat soß dä stolz op sinnem Pääd!«
»Komm, lommer de Kenger jet Moppe koofe!« –
   »Wat es et wärm, ich kann nit mie loofe,

wat es et wärm, ech ben am schweetze,
ich moß mech ä Oogebleeckske setze.
Dann jommer hee, beem Nellens Pitter.« –
»Enää do es mech et Bier ze bitter!«
»Nu hör bloos wat die Aal do sengt!« –
»Dann hat er sie um die Eck gebrengt
und hat ihr Kind und hat ihr Kind
mit eener Gaabel umgebringt!«
»Die Aal es jot, die kann so blieve!« –
»Wer will mal die Lungen prüfe?«
»Hier ist das Weltpanoptikum!« –
»Hier ist auch das Hypodrom,
komm, do jommer jetz erenn,
do kannste nette Weiter senn!«
»Fräulein, dat Pääd kütt uus dr Tackt!« –
»Jong, halt dich doch am Stääts gepackt!«
»Fräulein, die Brust eraus, Schenkel ran!« –
»Wo soll dat Weit die Brost denn hann?«
»Wat kömmert dich dat, alde Jeck!« –
Peng – fällt dat Weitche en dr Dreck.
Die Musik spielt ihr Dideldum,
das alles macht dich toll und dumm,
du weißt nicht mehr, wo ein und aus
und gehst noch lange nicht nach Haus!
Und wer dies alles will verstehn,
muss selber auf die Kirmes gehen!

Meistens folgte nach diesem Gedicht von meinem Vater noch eine Darbietung mit der Mundharmonika, die er vorzüglich beherrschte. Auch seinen 95. Geburtstag haben wir noch gefeiert – in einem wesentlich kleineren Kreis. Da war ihm schon eine gewisse Lebensmüdigkeit anzumerken und wir fühlten, es war wohl zum letzten Mal, dass wir in diesem Kreis zusammensaßen. Knapp vier Monate später, am 15. Dezember 2009, ist er dann von uns gegangen. Seine Lebensuhr war abgelaufen, er hat seine irdische Hülle endgültig abgestreift und die schmale Schwelle ins helle Licht überschritten. Ein Leben nach dem Tod? Selbstverständlich gibt es ein Leben nach dem Tod. Denn was wäre das für eine göttliche Verschwendung an Energie, Intelligenz, Gefühl, Kraft und allen uns gegebenen Eigenschaften, bloß für ein kurzes Erdenleben von 70, 80, 90 Jahren? Nicht einmal ein Wimpernschlag der Unendlichkeit.

Denn wir wissen, dass wir unsere Lieben, wenn sie wie unser Vati – zwar erst im hohen Alter – ihr Leben Jesus Christus anvertraut haben, in der Herrlichkeit Gottes wiedersehen werden. Jesus verspricht: »Wer mir vertraut, wird ewig leben, auch wenn er stirbt.«

Was für ein wunderbarer, hoffnungsvoller und tröstender Gedanke für uns.

Und mit jedem Tag, mit dem die Trauer abnimmt und unsere Tränen trocknen, werden die gemeinsamen Erlebnisse und Erinnerungen schöner, deutlicher, unvergesslicher, und wir dankbarer für die Zeit, die wir hier auf Erden miteinander verbringen durften.

Margot – Glaube und Beruf – geht das?

Mit unserem neuen Lebensbild standen wir vor einer ganz existenziellen Frage: Können wir unseren Beruf so wie bisher weiter ausüben? Nach unserer eindeutigen Entscheidung für ein Leben als Christ war ich mir nicht mehr sicher, ob sich das vereinbaren lässt – Bibel und Bier. Vor allem auf dem Oktoberfest geht es ja nicht gerade zu wie im Mädchenpensionat. Hier beten, dort bechern, hier »Halleluja«, dort der Wiesnhit »Hölle, Hölle, Hölle«? Ist so ein Spagat überhaupt zu schaffen? Können wir denn alles, was wir privat leben, im beruflichen Alltag ablegen? Können wir zu Hause so tun, als sei das, was wir auf der Wiesn oder im »Hofbräukeller« erleben, gar nicht passiert?

Es waren keine einfachen Monate für uns. Das ging so weit, dass wir beim Bierausschenken absolut ein schlechtes Gewissen hatten. Wir führten lange Gespräche über das Für und Wider. An Einzelheiten kann ich mich gar nicht mehr erinnern. Doch etwas hat uns sehr überrascht: Niemand war der Meinung, wir könnten jetzt nicht mehr in der Gastronomie arbeiten. Vielmehr machten sie uns Mut, unserem Beruf treu zu bleiben.

Wir verstehen unseren Beruf als Berufung. Gott hat uns mit Gaben ausgestattet, die wir ihm zur Ehre einsetzen wollen. In der Gastronomie können wir unsere gemeinsamen Begabungen sehr gut gebrauchen. Denn es ist uns eine große Freude, für das leibliche Wohl unserer Gäste zu sorgen. Mit Freundlichkeit und Zuwendung wollen wir zeigen, dass sie bei uns in einer immer egoistischer werdenden Gesellschaft willkommen sind und sich ein bisschen zu Hause fühlen können.

Nein, wir haben uns nicht aus der Gastronomie verabschiedet. Die Welt wird nicht besser, wenn wir das Hofbräuzelt und den »Hofbräukeller« aufgeben. Im Gegenteil, wir sehen gerade in unserem Beruf die Möglichkeit, mit sehr vielen Menschen in Kontakt zu kommen, gute Gastgeber zu sein und vielleicht manchem durch unser Leben Mut zu machen, es auch mit Jesus zu wagen. Natürlich sind auch wir nicht perfekt und machen Fehler.

Wenn ich wieder einmal niedergeschlagen oder im Zweifel bin, ob alles richtig ist, was ich tue, dann hilft mir mein Lieblingspsalm 23: »Der Herr ist mein Hirt«, ein Lied des Königs David:

Der Herr ist mein Hirt;
darum leide ich keine Not.
Er bringt mich auf saftige Weiden,
lässt mich ruhen am frischen Wasser
und gibt mir neue Kraft.
Auf sicheren Wegen leitet er mich,
dafür bürgt er mit seinem Namen.
Und muss ich auch durchs finstere Tal –
ich fürchte kein Unheil!
Du, Herr, bist bei mir;
du schützt mich und führst mich,
das macht mir Mut.
Vor den Augen meiner Feinde
deckst du mir deinen Tisch;
als Gast nimmst du mich bei dir auf
und füllst mir den Becher randvoll.
Deine Güte und Liebe umgeben mich
an jedem neuen Tag;
in deinem Haus darf ich nun bleiben
mein Leben lang.
(Gute Nachricht-Bibel)

Für jeden von uns und für jede Lebenssituation finden sich Trost oder eine Antwort in der Bibel.

Aufbruch in die Zukunft

Lasst uns wachsen in allen Stücken zu dem hin,
der das Haupt ist, Christus.
(Epheser, 4,15; Luther-Bibel)

Günter –
Gesunder Geist – gesunder Körper

Für uns war klar, dass unser neuer Weg als verbindliche Christen nicht Weltflucht oder gar ein asketisches Eremitenleben bedeutet. Gott braucht seine Leute überall. Und unser Humor ist uns dabei auch nicht abhanden gekommen, im Gegenteil. Wir lachen gern und oft, vielleicht sogar mehr als früher.

Da taucht plötzlich wieder die Erinnerung an den Beginn unserer zarten Beziehung auf, als ich mit einer Notlüge als »Wienerwald«-Fotoreporter in Amsterdam war, nur um der Margot nahe zu sein. Nicht nur, dass wir damals schon viel gelacht haben, nein, da war ein holländisches Sprichwort, das in einem Lokal eingerahmt an einer Wand hing und das mir jetzt wieder einfällt. Obwohl ich zu dieser Zeit noch keine Ahnung hatte, dass ich einmal in die Gastronomie einsteigen werde, hat es wohl einen nachhaltigen Eindruck auf mich gemacht: »Ein froher Wirt macht frohe Gäste.« Und so fühlen wir uns nicht nur dem leiblichen Wohl unserer Gäste verpflichtet, sondern auch in gewissem Sinn ihrem geistigen.

Nein, kein Zwang, niemand soll sich bedrängt oder gar genötigt fühlen. Eine großzügige Geste, eine freundliche Einladung bewirken mehr als eine unerwünschte Aufdringlichkeit. Wir haben erfahren, wer und was das Leben trägt. Dafür möchten wir andere Menschen interessieren. Uns geht es dabei so, wie es in der Bibel steht:

Wes das Herz voll ist, des geht der Mund über (Lukas 6,45; Luther-Bibel).

Wir haben erkannt, dass gerade in unserem Gastronomie-Gewerbe viele Menschen beschäftigt sind, die keinerlei Kontakt zum christlichen Glauben haben. Und da bietet sich uns die Möglichkeit, unseren Glauben in ungezwungener Atmosphäre authentisch einzubringen. Wir versuchen umzusetzen, was wir aus vielen Gesprächen mit anderen Christen gelernt haben. Der vornehmlichste Gottesdienst ist der Dienst am Mitmenschen. Andersrum: Uns geht es vorrangig nicht um Gewinnmaximierung – so wichtig das für ein Unternehmen auch ist –, sondern um motivierte Mitarbeiter und zufriedene Gäste.

Deshalb hat der Kontakt mit unseren Gästen für mich oberste Priorität. Mittags und abends zu den Stoßzeiten gehört der Wirt nicht ins Büro, er gehört ins Lokal. Das ist weit mehr als bloße Qualitätskontrolle. Ich möchte einfach wissen, ob unsere Gäste zufrieden sind.

Die Gastronomie ist in den vergangenen Jahren besonders durch Fast-Food-Ketten sehr anonym geworden. Deshalb ist es mir wichtig, unseren Gästen das Gefühl zu geben, der Chef ist da und kümmert sich höchstpersönlich um ihr Wohl. Und bei meinem kurzen Verweilen an den einzelnen Tischen ergeben sich immer wieder interessante Gespräche, manchmal sogar über den Glauben und unseren Weg dahin. Da kommt es vor, wenn wieder einmal ein ausführlicher Bericht über uns in der Zeitung steht, dass mich die Gäste fragen: »Stimmt das denn, dass Sie so gläubig sind?« Und schon beginnt auf ganz unkomplizierte Weise ein interessantes Gespräch über Glaube, Bibel und Leben. Ich habe dabei mehrfach beobachtet, dass die meisten Christen viel zu wenig Mut haben, über ihren Glauben zu sprechen. Sie verstecken sich oft hinter der Begründung, Glaube sei eine reine Privatsache. Wie wir, Margot und ich, es früher auch gedacht haben. Dabei müsste die derzeitige nationale und internationale politische, wirtschaftliche und gesellschaftliche Lage zwangsläufig dazu führen, miteinander über den Glauben zu reden. Die meisten Menschen sind, so habe ich den Eindruck, heute für dieses Thema wesentlich offener und zugänglicher als noch vor Jahren. Sie spüren, dass sie nicht die Macht haben, alles selbst zu bestimmen und zu verändern. Ich erwidere in solchen Gesprächen schon, dass mich die gegenwärtige Situation nicht überrascht und dass wir sehr wohl etwas verändern können. Aber da muss jeder zunächst einmal bei sich beginnen. An diesem Punkt ist für die einen das Gespräch ganz schnell beendet. Andere wiederum, neugierig geworden, wollen mehr wissen.

Nein, wir machen aus unserem Glauben kein Hehl, aber ebenso wenig sind wir »religiöse Eiferer«, wie es von manchen Medien in letzter Zeit gern über engagierte Christen verbreitet wird. Wir werden auch weiterhin sagen, was unser Leben trägt, was uns Halt gibt, was uns besonders unser Glaube bedeutet. Nicht mehr, aber auch nicht weniger. Eins ist sicher: Der Glaube wird unsere Zukunft bestimmen und ausfüllen.

So, der Kreis hat sich geschlossen. Für dieses Jahr habe ich meinen letzten Rundgang durch unser Zelt beendet. Ich bin allein. Das heißt, nicht ganz, denn der Aloisius schwebt noch über mir hoch an der Zeltdecke. Die göttlichen Eingebungen, die ihm von himmlischer Seite mitgegeben worden sind, haben die Adressaten, scheint's, noch immer nicht erreicht. Wir sind da schon sehr viel weiter, wir haben die göttliche Botschaft sehr wohl erhalten, verstanden und in uns aufgenommen. Es ist unsere Aufgabe, sie weiterzugeben. Unsere Zukunft ist ohne Angst. Denn wer heute Angst vor der Zukunft hat, der hat im Grunde Angst vor keiner Zukunft.

Ich freue mich, dass wir uns, wenn auch nur in diesem Buch, begegnet sind.

Margot –
Tue Gutes, es kommt zu dir zurück

Ein letzter Blick durchs Stüberl – alles ist aufgeräumt und eingepackt, es kann abgeholt werden. Am »Schwarzen Brett« hängen die letzten Dienstpläne und Anweisungen für unsere Mitarbeiter, die braucht's nicht mehr, also weg damit. Da ist auch noch unser Spruch zum Tag, ein Vers aus der Bibel. Das haben wir irgendwann einmal ausprobiert, heute ist es bereits eine liebgewonnene Tradition. Es ist wie ein gutes Wort, das wir unseren Mitarbeitern für den Tag mitgeben möchten. Unsere Mitarbeiter müssen ja zu Dienstbeginn am »Schwarzen Brett« vorbei, müssen sich über Tagesablauf, Besonderheiten, etwaige Änderungen informieren und werden dabei automatisch auf das jeweilige Bibelzitat aufmerksam. Nicht jeder liest es und nimmt es in sich auf, aber beschwert hat sich darüber noch niemand. Gut, wer kritisiert schon gern seinen Chef für dessen Ansichten? Noch dazu, wenn man in gerade einmal 16 Tagen ganz schön Geld verdienen kann. Doch vielen, haben wir bemerkt, scheint der tägliche Vers nicht gleichgültig zu sein. Im Gegenteil. Manchmal habe ich den Eindruck, das Bibelzitat wirkt wie ein Eisbrecher. Die Mitarbeiter merken, dass wir bekennende Christen sind. Das stärkt bei vielen das Vertrauensverhältnis zu uns. Und nichts ist besser und wichtiger in einem so riesigen und oft hektischen Betrieb wie in einem großen Wiesnzelt als ein harmonisches Klima.

Für dieses Jahr ist die Wiesn vorbei und wir müssen uns langsam wieder auf die anderen Aktivitäten konzentrieren, vor allem auf die in unserem »Hofbräukeller«. Eigentlich hatten wir damals gar keine große Lust, dieses riesige Lokal mit den dunklen, holzverkleideten Gasträumen, den zwei Kellergeschossen, dem großen und dem kleinen Festsaal im ersten Stock und mit allen Büro-, Küchen- und Wirtschaftsräumen an der Inneren Wiener Straße zu übernehmen. Aber damals, 1995, blieb uns gar nichts anderes übrig. Es stand die Vertragsverlängerung für das »Hofbräuzelt« um weitere fünf Jahre an. Eine reine Formsache, dachten wir.

Doch der damalige Direktor von »Hofbräu«-München hatte ein Problem: Eines seiner Häuser – eben dieser legendäre »Hofbräukeller« – nicht zu verwechseln mit dem »Hofbräuhaus« am Platzl mitten in der Stadt – lief einfach nicht. Unter Münchens Gastronomen war dieses Haus als völlig unrentabler Betrieb verschrien. Jeder der bisherigen Pächter hatte nach nur wenigen Wochen oder Monaten das Handtuch geworfen. So gaben sich in den Jahren vor uns insgesamt vier Pächter die Klinke in die Hand. Da sich der »Hofbräu«-Direktor offenbar in den vergangenen Jahren von unseren Wirtsqualitäten im »Hofbräuzelt« überzeugen konnte und den »Hofbräukeller« unbedingt wieder auf Vordermann bringen wollte und musste, machte er uns das folgende, beinahe unmoralische Angebot: »Ich gebe euch das ›Hofbräuzelt‹ gern wieder – aber nur, wenn ihr auch den ›Hofbräukeller‹ übernehmt.«

Unsere Begeisterung hielt sich in Grenzen. Wir hatten uns mit dem Zelt gerade eine Existenz aufgebaut, hatten jetzt wieder mehr Zeit für die Familie, für die Kinder, und plötzlich sollte alles wieder von vorn losgehen? Doch der »Hofbräu«-Chef ließ nicht locker. Entweder Zelt und Keller oder gar nichts. Was sollten wir tun? Also haben wir in den sauren Apfel gebissen und unterschrieben. Die Ausgangssituation war denkbar schlecht. Der »Hofbräukeller« stand zu dieser Zeit in München im Niemandsland, im Bewusstsein der Leute gab es ihn faktisch nicht. Kein Mensch sprach über ihn – er war weder gut noch schlecht. Schön, der Biergarten mit seinem dichten Baumbestand war im Sommer recht gut besucht, doch die Umgebung rund um den Wiener Platz war noch nicht diese begehrte Wohngegend wie heute. Das kam erst mit den Jahren und intensiven Gebäuderestaurierungen und Neubauten.

Gefragt waren damals zu Beginn neben Eigenkapital und jeder Menge Einsatzbereitschaft vor allem originelle Ideen, mit denen man den »Hofbräukeller« wieder ins Bewusstsein der Münchner bringen und zu einem Anziehungspunkt machen konnte.

Also konzipierten wir zusammen mit unseren Kindern Ricky und Silja, die so nach und nach in die Gastronomie hineingewachsen sind, verschiedene attraktive Aktionen. Da war einer unserer größten Erfolge die Aktion »Hartz V«. Als 2005 das Arbeitslosengeld II unter der Bezeichnung Hartz IV eingeführt und wochenlang öffentlich diskutiert wurde, starteten wir im »Hofbräukeller« eine groß angelegte Werbekampagne unter dem Motto »Hartz V – bei uns kostet kein Gericht mehr als 5 Euro«. Das Angebot, das sieben Tage die Woche von morgens bis abends galt, schlug sensationell ein. Die Menschen standen Schlange, wir hatten tagelang keinen einzigen freien Tisch – und das bei insgesamt 950 Sitzplätzen allein im Restaurant, im Großen und im Kleinen Saal. Der Biergarten mit seinen knapp 2.000 Plätzen konnte da wenig helfen, denn Hartz V wurde ja mitten im Winter, im Januar, eingeführt.

Unter den Gastronomie-Kollegen lösten unsere Aktivitäten einen Sturm der Entrüstung aus, wir nähmen ihnen ihre potenziellen Kunden weg. Unsere Kampagne und die Proteste hatten aber auch einen beachtlichen Nebeneffekt – kostenlose Werbung für den »Hofbräukeller« durch die entsprechenden Schlagzeilen in den Münchner Boulevardblättern.

Die schwierige Anfangssituation brachte uns auf eine weitere Innovation: Wir entdeckten Kinder als Zielgruppe, denn unser Stammpublikum war durchwegs in einem schon etwas fortgeschrittenen Alter, also mussten wir über eine Verjüngungskur nachdenken. Wir bauten einen Raum mit etwa 70 Plätzen um und machten daraus einen Kindergarten mit entsprechend ausgebildeten Betreuerinnen, die sich abwechselnd sieben Tage die Woche von 12 bis 20 Uhr um die Kleinen kümmern und mit ihnen spielen. Im Sommer dann auf dem großzügigen Spielplatz in unserem Biergarten. So etwas gab es in keinem anderen Münchner Restaurant. Vor allem junge Familien und Alleinerziehende schienen auf so ein Angebot gewartet zu haben. Der Erfolg gab uns recht. Manchmal, besonders an Wochenenden, tummeln sich bis zu 40 Kinder in unserem Kindergarten. Das ist für alle Beteiligten eine Gewinn-Situation: Die Kinder sind beschäftigt, ihnen ist nicht langweilig, die Mütter und Väter können in Ruhe essen und miteinander plaudern. Uns würde es freuen, wenn die Kleinen später sagen: »Da haben wir schon als Kinder gegessen und gespielt, darum gehen wir auch jetzt noch gern in den ›Hofbräukeller‹.« Inzwischen gehören wir in München zu den kinderfreundlichsten Restaurants.

So nach und nach haben wir unsere Palette familienfreundlicher Angebote erweitert: Familienbrunch, Kindertheater, auch Koch- und Benimmkurse für 5- bis 13-Jährige. So können die Kinder lernen, dass Kochen Spaß macht und gesünder ist als tischfertige Tiefkühlkost und Fast Food.

Und wir halten auch an einer beliebten Münchner Brotzeit-Tradition fest. Im Biergarten darf sich jeder sein Essen mitbringen. Da kommen die Gäste im Frühling und Sommer mit großen Körben, breiten ihre Tischdecken aus, stellen vielleicht sogar ein paar Blumen darauf und dekorieren alles appetitlich mit ihren mitgebrachten Brotzeitspezialitäten. Die Getränke, die müssen allerdings im Biergarten gekauft werden.

Die Biergartensaison ist allerdings nach dem Oktoberfest mehr oder weniger vorbei, bis auf den einen oder anderen »Goldenen Oktobertag«. Schau'n wir mal.

Unser Augenmerk richtet sich dann voll und ganz auf die anstehenden sozialen Projekte, denen wir uns jedes Jahr intensiv widmen. Längst leben in dieser als besonders reich geltenden Stadt München viele Menschen nicht mehr auf der Sonnenseite. Gerade diese Menschen sollen hin und wieder kleine Freuden erleben dürfen.

Unser Glaube verpflichtet. Wer ihn ernst nimmt, dem darf das Leid der Menschen in dieser Welt nicht gleichgültig sein. Das mag vielleicht für das eine oder andere Ohr pathetisch klingen, wir sehen das sehr nüchtern und pragmatisch. Wir werden nicht das Paradies auf Erden schaffen, aber wir können im Kleinen dazu beitragen, dass es Menschen in unserer unmittelbaren Umgebung besser geht und sie für ein paar Stunden ihre Sorgen vergessen können. Im Rahmen unserer Möglichkeiten halt.

Noch knapp zwei Monate und der Advent ist da. In dieser besinnlichen Zeit beteiligen wir uns mit dem »Hofbräukeller« an einer UNICEF-Aktion für Kinder in Afrika. Von jedem verkauften Gericht gehen drei Euro direkt an Kinderprojekte auf dem schwarzen Kontinent.

Unsere Tochter Silja hat eine andere karitative Aktion im »Hofbräukeller« initiiert. Eine ehrenamtliche Sammelstelle von »Weihnachten im Schuhkarton«, die Kindern vor allem in Osteuropa zu Weihnachten eine kleine Freude bereiten soll. In schuhkartongroßen Päckchen spenden Menschen in Deutschland, Österreich und der Schweiz Spielsachen, Schulbedarf, Kleidung, Süßigkeiten und meist auch ein Büchlein in der jeweiligen Landessprache mit der überlieferten Weihnachtsgeschichte. Bevor die Päckchen in die einzelnen Länder geschickt werden können, muss ihr Inhalt wegen oft strenger Auflagen und Einfuhrbestimmungen eingehend kontrolliert werden. Wir sind selbst jedes Mal überrascht vom großen Erfolg dieser Aktion »Weihnachten im Schuhkarton«. Allein in Deutschland kommen rund eine halbe Million Päckchen in den Sammelstellen zusammen.

Und dann müssen wir auch schon den Silvester-Nachmittag planen. Nein, nein, nicht für eine lautstarke, ausgelassene Silvester-Party mit Feuerwerk im »Hofbräukeller«. Am 31. Dezember haben wir abends geschlossen. Aber am Nachmittag des letzten Tages im Jahr laden wir seit Silvester 1999 rund 650 bedürftige Bürgerinnen und Bürger – sozial schwache, Obdachlose, alleinerziehende Mütter mit ihren Kindern, kurz Menschen, die am Rande unserer Gesellschaft leben müssen – in unsere beiden Säle zu einem 3-Gänge-Essen und alkoholfreien Getränken ein, unterstützt von der »Münchner Tafel« und namhaften Sponsoren. Umrahmt sind diese sehr begehrten Nachmittage von einem bunten Programm aus Musik und verschiedenen Darbietungen. Selbst Münchens Oberbürgermeister lässt es sich nicht nehmen, unsere Gäste zu begrüßen. Da unser Personal bis auf ein paar wenige freiwillige Mitarbeiter vor allem in der Küche an diesem Tag frei hat, sind wir auf die Mithilfe vieler unserer Freunde angewiesen. Und sie helfen uns selbstlos und gern beim Servieren der Speisen und Getränke, beim Abräumen der Tische, beim Austeilen der Tüten mit Tee, Obst, Schokolade, Keksen und anderen haltbaren Lebensmitteln, die jeder unserer Gäste zum Abschied bekommt.

Mich stimmt es besonders traurig, wenn ich sehen muss, dass von Jahr zu Jahr immer mehr jüngere Menschen zu uns kommen. Und es stimmte mich sehr nachdenklich, dass diese Menschen, wie du und ich, von Gott geschaffen, oft unverschuldet in Not geraten sind. Wenigstens einmal im Jahr sollen sie von uns spüren, dass sie nicht ganz einsam und verlassen in ihrem Leben sind.

Und deshalb gehört jetzt unser Engagement unserer Stiftung »'s Münchner Herz«. Wir haben lange nach einem geeigneten Namen gesucht. Da kam uns Max Spiegel, der Inhaber des Namensrechts, zu Hilfe. Da er ohne Erben ist, hat er uns den Namen »'s Münchner Herz« übertragen. Wir werden diese Stiftung einsetzen, um sozial Schwache, vor allem Kinder, zu unterstützen. Ja, Paps, du hast recht: »Tue Gutes, es kommt zu dir zurück!«

Auf ein Wort

Seid dankbar in allen Dingen;
denn das ist der Wille Gottes
in Christus Jesus an euch.
(1. Thessalonicher 5,18; Luther-Bibel)

Margot und Günter Steinberg – Was wir noch sagen möchten ...

Der Weg war lang, den wir gehen mussten, steinig, gewunden, voller Hindernisse, oft allein in dunklen Stunden, mit unerwarteten Abzweigungen zu falschen Fährten, die in einen Irrgarten, in ein Labyrinth führten. Doch dann standen plötzlich an entscheidenden Weggabelungen Menschen, Freunde, die uns den richtigen Weg zeigten hinaus in eine helle, hoffnungsvolle Zukunft mit Gott.

Euch allen möchten wir von ganzem Herzen danken! Ganz besonders unseren Kindern, die zunächst völlig überrascht und verständnislos mit der Situation nicht umgehen konnten. Tut eueren Kindern so etwas nie an! Doch letztendlich sind Ricky und Silja voll hinter uns gestanden, haben uns den Rücken gestärkt und gleichzeitig freigehalten. Um uns wiederzufinden. Danke!

Dank auch an alle unsere Freunde für die Zeit, die ihr uns geopfert habt, für euer Zuhören, für die vielen Gespräche, für den festen Glauben an unsere Freundschaft. Ihr seid treue Gefährten gewesen durch all die Stationen, die wir auf unserem Weg durchlaufen haben.

Dank auch allen, die uns bei Seminaren die Möglichkeit gegeben haben, all die Erfahrungen zu sammeln, die uns selbst in die Lage versetzen, als überzeugte Vertreter unseres Glaubens, diesen öffentlich vor Hunderten, ja Tausenden von neugierigen Menschen kundzutun.

Dank aber auch den beiden Freunden, die sich bis zuletzt in aufopfernder Fürsorge um unseren Vater und Schwiegervater Willy Steinberg gekümmert haben, trotz seines manchmal ganz schön widerborstigen Verhaltens.

Dank auch an das Gospel-Life-Center, diesem erquickenden und erholsamen Ort, wo man den Alltag ablegen, einfach Mensch sein kann und im Vertrauen auf das Wort Gottes gestärkt wird.

Kurz – Dank an alle namentlich nicht genannten, aber nicht namenlosen Wegbegleiter. Ihr alle habt einen festen, unauslöschlichen Platz in unseren Herzen und Gebeten.

Unser Weg ist noch lange nicht zu Ende. Große Aufgaben warten, wie unsere Stiftung »'s Münchner Herz«. Die Zukunft hat begonnen, wir werden uns ihr mit Gottes und euerer Hilfe stellen! Wollt ihr uns begleiten? Ihr seid herzlich willkommen!

Es gibt keinen wertvolleren Dank als die Dankbarkeit!

Margot und Günter Steinberg

Auf ein Neues

Hast du bei deinem Werk den Anfang gut gemacht,
das Ende wird gewiss nicht minder glücklich sein.
(Sophokles – griechischer Dichter)

Peter A. Machac –
Oktoberfest-Ouvertüre

Die freudige Spannung ist deutlich spürbar, erfasst jeden der
Ankommenden an diesem Samstagmorgen. Es ist kurz nach
neun, Freunde, Stammgäste, Bedienungen, die Festwirte mit
ihren Familien, alle festlich in Tracht, haben sich im »Hofbräukeller« eingefunden, werden von Margot und Günter herzlich
begrüßt. Bevor sich – wie jedes Jahr zum Beginn des Oktoberfestes – der Zug zum traditionellen Wirteeinzug in Bewegung
setzt, gibt's für alle bei zünftiger Blasmusik noch eine echt
bayerische Wegzehrung: Weißwürst', Brez'n, Bier. Denn bis
zum offiziellen Anstich, bis zum feierlichen »O'zapft is!«, ist
es noch ein langer Weg.

Wie jedes Jahr haben sich Margot und Silja neue Farben
und ein neues Muster für ihre Dirndln ausgesucht. Für die
Mannsbilder gibt's aus dem gleichen Stoff die Westen. Ein
schöner, bunter, harmonischer Anblick. Eine kurze Anspra-
che vom Festwirt, vom Günter, ein kurzes Innehalten für ein
schlichtes Gebet, dann geht's los. Draußen wartet die festlich
geschmückte vierspännige Kutsche auf die Festwirte, dahinter steht der Pferdewagen für die Bedienungen. Vorn weg die
Wiesnkapelle, die Plattlinger Isarspatzen mit ihrem Dirigen-
ten Alois Altmann. Aus offenen Fenstern begleiten neugieri-

ge Zaungäste den Zug. Es geht die Innere Wiener Straße hinunter, vorbei am Gasteig und am Deutschen Museum, entlang der Isar durch die Au, über die Reichenbach-Brücke in die Isar-Vorstadt bis zur Herzog-Wilhelm-Straße. Dort treffen sich alle Wiesn-Wirte mit ihren Kutschen, Wagen und Kapellen, nehmen Aufstellung in der Reihenfolge ihres Einzugs auf die Festwiese. Es ist ein einmaliges Bild, leicht chaotisch, wie jedes Jahr, ein buntes Völkchen auf dem Weg zum größten Volksfest der Welt. Hektische Ordner verbreiten Autorität, endlich wissen alle Bescheid, der lange Zug setzt sich in Bewegung.

Der Festzug der Wiesn-Wirte führt über die Sonnenstraße durch das jubelnde, dicht gedrängte Menschenspalier der Schwanthalerstraße, erreicht die Theresienwiese. Die Stimmung von Tausenden von sehnsuchtsvoll auf die erste Maß wartenden Besucher steigt langsam bis zum alljährlichen Eröffnungssiedepunkt.

Jetzt sind auch Margot und Günter in der Kutsche vor ihr in Weiß erstrahlendem, dem »Hofbräuhaus« am Platzl nachempfundenen Festzelt vorgefahren, herzlich begrüßt vom Direktor von »Hofbräu« München, von Mitarbeitern und Personal, von Freunden und Stammgästen. Viel Zeit bis zum Anstich bleibt nicht mehr. Schnell ins Zelt, frischer Hopfenduft empfängt die Festwirte und ihr Gefolge, die Menschen stehen auf den Bänken, applaudieren, johlen, fotografieren, dieser Moment muss festgehalten werden. Aloisius, der Münchner im Zelthimmel, schwebt gelassen über dem festlichen Treiben, noch hat alles seine Ordnung.

Dann zur Schenke zum ersten Hirschen, dem 200-Liter-Holzfass. Wie viele Schläge wird der Wirt benötigen? Fernsehkameras und Mikrophone sind in Lauerstellung. Der Günter holt aus ... erster Schlag ... zweiter Schlag ... und der erlösende Ruf: »O'zapft is!« Die ersten Maß'n kriegen die Offiziellen. Jetzt kann's nicht schnell genug gehen. Die Bedienungen, jede mit sechs Maß'n oder mehr, sausen zu ihren Tischen, die Plattlinger Isarspatzen auf dem Musikpodium machen mit Wiesnhits mächtig Stimmung.

Jetzt beginnt für Margot und Günter die »Tour de coeur«, die alljährliche Zeremonie der Gästebegrüßung: Hände schütteln, herzliche Umarmungen, Freude am Wiedersehen, Austeilen der neuen Anstecknadeln als sichtbares Zeichen der Mitgliedschaft in der großen HB-Gemeinde der Familie Steinberg. So langsam kehrt Wiesnalltag ein, bis zum ersten Ausruhen im Stüberl werden noch Stunden vergehen.

Später am Abend, so kurz nach 23 Uhr, werde ich den Günter anrufen, werde fragen, wie denn der erste Wiesntag gelaufen ist. Eine kurze, deutliche Antwort gibt mir bereits seine Handymelodie:

Oh happy day when Jesus washed my sins away. He taught me how to watch, fight and pray and live rejoicing every every day.

(O welch ein fröhlicher Tag, als Jesus meine Sünden abwusch. Er lehrte mich wachsam zu sein, zu kämpfen und zu beten und jeden Tag meines Lebens zu genießen.)

Was für ein glücklicher Tag für Margot und Günter. Es möge nur noch solche Tage für euch geben. Ich wünsche es euch von Herzen!

Margot und Günter Steinberg im Blickpunkt

Friedrich »Ricky« Steinberg (Sohn)

Ich habe damals während meines Studiums meine Eltern regelmäßig besucht und natürlich habe ich ihre Krise hautnah mitbekommen, habe versucht, Gründe dafür zu finden und zu verstehen. Und es ist keinesfalls so, dass ich die Schuld nur bei meinem Vater suche. Unsere Mutter war zu dieser Zeit tatsächlich in einer etwas komischen Phase, sie hat jeden Tag in der Bibel gelesen und gebetet – alles Dinge, die sie früher nicht gemacht hat. Ich kann mir vorstellen, dass das auch für unseren Vater nicht einfach war, wenn sich jemand plötzlich so verändert. Ich beobachtete die Entwicklung meiner Mutter in dieser Zeit skeptisch. Das war eine sehr merkwürdige Zeit. Plötzlich gingen bei uns daheim ganz andere Leute ein und aus. Sie trafen sich einmal im Monat zum Bibelstudium. Christen, die meinten, ganz genau zu wissen, was jemand falsch gemacht hat und was Gott dazu sagen würde. Mich persönlich hat das damals eher abgestoßen. Mittlerweile ist das anders. Ich denke, dass meine Eltern mit ihrem christlichen Glauben das Richtige gefunden haben. Und in gewisser Weise beneide ich sie darum. Ich verdanke ihnen alles. Ich bin gespannt, was das Leben noch alles für meine Familie und mich bereit hält.

Silja Schrank-Steinberg (Tochter)

Tja, was soll ich sagen ... es ist wirklich nicht leicht, jetzt und hier in ein paar Worten meine eigene Empfindung und Gefühlswelt zu beschreiben und etwas zu meinen Eltern aufs Papier zu bringen ...

Zunächst einmal möchte ich sagen, dass die beiden für mich Riesenvorbilder sind und immer waren. Und genau aus diesem Grund fiel es mir auch in der »harten« Phase sehr schwer, mich richtig zu verhalten, nicht zuletzt, weil man ja doch irgendwie »zwischen den Stühlen« sitzt, keinen von beiden verurteilen, verletzen oder sich vielleicht sogar zurückziehen wollte.

Ich muss eingangs vielleicht noch hinzufügen, dass ich mit beiden seit meiner Kindheit ein sehr enges, vertrautes und liebevolles Verhältnis habe. Natürlich gab es da Zeiten, in denen man als Teenager (und ich war ein ganz besonders kompliziertes Exemplar) auf alles »pfeift«, was die Eltern einem so vorhalten. Da wird rebelliert, Kontra gegeben und einfach nur aus Trotz gegen alles gearbeitet. Gott sei Dank habe ich dann durch meinen Aufenthalt im Internat die Kurve gekriegt. Und ich habe mich für alles, was meine Eltern mit mir durchleben mussten, schon in aller Form entschuldigt und bin ihnen heute unendlich dankbar für ihre Geduld, ihr Verständnis (welches für mich damals allerdings noch nicht erkennbar war), ihre nie aufhörende Liebe und vor allem für ihre Hartnäckigkeit. Ich denke, dass ich aus all diesen Situationen innerlich unglaublich gewachsen bin und heute, da ich selbst Mutter zweier Kinder bin, für viele Dinge, die sie damals mit mir besprochen und getan haben, ein ganz anderes Verständnis entwickelt habe – und sich das Verhältnis noch mehr intensiviert hat.

Damals, am Anfang der »Krise«, war es, denke ich, bei mir bestimmt auch ein Stück Verdrängung. Man will sich mit den Konflikten der Eltern, die doch immer so perfekt sind, nicht auseinandersetzen. Sie haben uns Kinder auch immer außen vor gehalten. Vor uns waren sie die Starken, vor uns wurde nie gestritten. Was einerseits sehr gut war, vielleicht andererseits auch ein wenig Vertrauen vermissen ließ, da man irgendwie wusste und spürte, »dass da was im Busch war«, aber es nicht ansprechen wollte oder konnte. Irgendwie denkt man, es soll sich einfach nichts ändern. Sie sollen sich lieben, zu uns lieb sein und uns mit ihrem ganzen Kram einfach in Ruhe lassen.

Doch dann kam meine erste Ehe ins Schleudern. Und mein ganzes Lebensbild, ich selbst, mein Vertrauen in alles gleich mit. Ich erinnere mich an den Abend, an dem ich es ihnen gesagt habe. Mann, hatte ich Angst davor, ihnen zu erklären, dass diese eh nur kurze Ehe am Ende ist. Ich habe erwartet, dass ich nur auf Vorwürfe und Unverständnis treffen würde. Und was ist passiert? Genau das Gegenteil. Ich bekam Mitgefühl, Lösungsvorschläge, und ich habe mich fallen lassen können wie noch nie zuvor. Klar fanden sie es nicht lobenswert oder etwas in der Art. Sie standen einfach nur absolut hinter mir und versuchten, mit mir gemeinsam einen Weg zu finden, um dieses Gefühlswirrwarr und Chaos zu lösen. Der Weg zum Glauben spielte natürlich auch eine große Rolle. Doch damals war ich noch nicht so weit und konnte mit all dem eigentlich nichts anfangen. Also wurde das Kapitel zugeschlossen und ich war wieder allein. Single.

Und dann trat mein Mann Michael in mein Leben, und mit ihm begann eine ganz neue Ära. Auch hier war es nicht immer leicht, gerade wenn man ein neugeborenes Baby im Arm hat, beruflich sich bei ihm und auch bei mir sehr viel tut und man sich auf eine komplett neue Lebenssituation einstellen muss. Ein Kind erleichtert oder hilft nicht unbedingt, eine noch ziemlich »frische« Liebe zu beflügeln. Willkommen im Alltag. Plötzlich eine eigene Familie. Und da bleibt natürlich auch Stress mal hier und da nicht aus.

Das war in etwa die Zeit, in der es bei meinen Eltern zu der ganz »heißen Krisenphase« kam. Und plötzlich fängt man doch an, sich mal mit dem Thema Gott auseinanderzusetzen. Meine Mutter war schon »voll dabei«, bei meinem Vater war ich da noch nicht so sicher.

Es gab ein Oktoberfest, wo sich dann alles zuspitzte. Unser Sohn war damals zwei Jahre alt. Wir zogen um in ein neues Heim und dann der Schock: Meine Mutter kam in diesem Jahr nicht auf die Wiesn. Und wer soll der »Vertreter« sein? Ja, ich natürlich, das lag nahe. Diesen psychischen Stress, den ich damals empfand, kann ich keinem beschreiben. Einerseits verstand ich sie absolut, andererseits war ich auf diese Aufgabe überhaupt nicht vorbereitet – »but the show must go on«. 16 Tage wirst du täglich mindestens 100-mal drauf angesprochen, wo sie denn ist, ob sie krank ist, was los ist. Und jeden Tag leierst du mindestens 100-mal die gleiche Antwort runter: Es ist nur eine Auszeit, mal eine Pause machen, auf das kleine Enkelkind aufpassen. Dabei weißt du genau, dass sich jeder seinen Teil denkt. Das war schon eine ganz harte Zeit. Und eigentlich willst du nur eines: dass sie sich wieder zusammenraufen, noch mal von Neuem anfangen und dass einfach alles wieder so ist, wie es war und sein soll.

Und nach dieser Wiesn war es dann auch – und dafür danke ich unserem Herrn von ganzem Herzen – so weit: Sie haben sich und ihr komplettes Zusammenleben geändert. Sie haben sich und ihre Ehe in Gottes Hände gelegt. Und sie haben einen ganz großen Grundstein für mich selbst gesetzt. Wie gesagt, *Vorbild!*

Von da an konnte ich beobachten, wie sich meine Eltern extrem verändert haben, jeden Tag sind sie sich ein Stück näher gekommen. Ich hab gespürt, wie ihre Liebe wieder aufblüht und ich konnte mit reinem Gewissen nach ein paar Wochen sagen: Sie sind so verliebt wie noch nie. Und jeder konnte es sehen und spüren.

Doch dann fiel ich auf einen absoluten Lebenstiefpunkt. Irgendwie schien alles zu viel: Kind, Arbeit, Mann, Haushalt, Freundschaften und Alltag. Ja, und wo gehst du dann mit all deinen Sorgen und Problemen hin? Zum Vorbild natürlich. Es folgten unzählige Telefonate mit Mami und unzählige Gespräche mit Papi im Büro. Und dann kam ein ganz entscheidender Tag, an dem ich – nur mit meiner Mutter in meiner Küche daheim – mein Leben in Jesu Hände legte. Ich glaube, das war das Beste, was ich in meinem Leben jemals gemacht habe. Natürlich geht so eine innere Veränderung nicht von heute auf morgen gleich auf. Aber dieses langsame Sich-Annähern ist vielleicht auch das Bessere. Es werden Beziehungen aus einem anderen Licht gesehen, Prioritäten verschoben und so ganz langsam merkst du, wie du dich innerlich veränderst. Nicht nur die Dinge anders siehst oder empfindest, sondern auch eine Veränderung im Umgang mit den eigenen Schwächen und »Schweinehunden«. Jesus in die Mitte der Familie zu lassen, verändert die ganze Familie und auch das Umfeld. Das merkst du zuerst gar nicht. Sogar der eigene Mann erkennt dich in gewissen Situationen nicht wieder, Freunde wundern sich, verstehen dich nicht, belächeln dich und dein Verhalten. Aber du fühlst dich einfach gut. Klar, gibt's auch Anfechtungen und Rückschläge, nur bin ich überzeugt, dass dieser Weg der richtige ist. Eines Tages hat auch mein Mann die Aussagen der Bibel immer mehr erst genommen und ich kann voller Freude behaupten, dass er jetzt auch

Ja zu Jesus gesagt hat. Das hat unsere Ehe bereichert, verschönert, intensiviert, und wir haben einen komplett anderen Umgang miteinander als noch vor einiger Zeit.

Ich kann jedem, der dieses Buch liest, nur sagen: Diese Geschichte ist spannend, manchmal traurig, manchmal auch schwierig, doch am Ende – und das ist meine Meinung, dazu stehe ich, weil ich es ja tagtäglich erlebe – auf alle Fälle sehr, sehr positiv.

Probieren Sie es einfach einmal aus – ich meine das mit Jesus – Sie können nur gewinnen, nicht verlieren. Wetten, dass ...?

Peter Steinberg (Bruder)

Eigentlich ist es ja schön, einen großen Bruder zu haben. Wobei sich der Altersunterschied von 11 Jahren für Brüder in den frühen Jahren des Erwachsenwerdens als nicht besonders vorteilhaft herausgestellt hat. Sicher, man sieht in dem »Großen« in vielen Dingen ein Vorbild und schaut sich auch manches, von dem man meint, es sei gut, ab und übernimmt es, bewusst oder unbewusst; aber sonst sind die Interessen natürlich sehr unterschiedlich. Normalerweise scheint mit zunehmendem Alter dieser Abstand an Jahren vom Gefühl her geringer zu werden und die Zeit, die man zusammen verbringt, nimmt zu.

Bei meinem Bruder und mir hat sich dieser Effekt durch seinen Einstieg in den Wienerwald und sein dadurch notwendiges intensives Engagement in diese Aufgabe nicht im normalen Maße eingestellt. Unser Kontakt hat sich auf gelegentliche Telefonate, Treffen oder Zusammensein bei Familienfeiern beschränkt. Und so habe ich nur aus Erzählungen von den zwischenmenschlichen Problemen in der Partnerschaft meines Bruders erfahren und natürlich hat mich das sehr betroffen.

Als ich dann erfahren habe, dass diese Eheprobleme durch den »Glauben« und in sogenannten »Seminaren« langsam gelöst werden konnten, ist mir der Verdacht einer Sektenzugehörigkeit meines Bruders und meiner Schwägerin durch den Kopf gegangen. Vielleicht ist es auch die Art und Weise gewesen, wie ich davon erfahren habe, nämlich wieder nur aus Erzählungen anderer und nicht direkt von den beiden selbst.

Nachdem sich die beiden inzwischen großen Kinder meines Bruders mehr und mehr in seine Geschäfte eingearbeitet und ihm dadurch die Möglichkeit gegeben hatten, sich etwas von der vordersten Gastronomiefront zurückzuziehen, ist auch der Kontakt zwischen uns intensiver geworden. So hat mich mein Bruder 2009 zu einem Gesprächskreis eingeladen, der sich intensiv mit der Bibel und dem christlichen Glauben befasst.

Etwas skeptisch, aber auch neugierig, was es denn mit diesem Kreis auf sich hat, bin ich seiner Einladung gefolgt. Nach dem ersten Abend habe ich mich etwas überrollt und überfordert gefühlt. Doch nach knapp einem Jahr, in dem ich regelmäßig an den wöchentlichen Treffen des Gesprächskreises teilgenommen habe, fasziniert mich das Thema Bibel und Glauben jedes Mal mehr.

Edelgard und Franz Rohrer (Freunde)

Günter und Margot – was sind sie für uns? Zunächst einmal zwei sehr, sehr gute Freunde, mit denen uns eine wunderbare Freundschaft und viele schöne Erinnerungen verbinden, Erinnerungen etwa an erlebnisreiche und harmonische gemeinsam verbrachte und durchlebte Urlaube.

Und es sind zwei enge Freunde, die wir nun schon sehr lange kennen und auf vielen Wegen, und auch Irrungen und Wirrungen, erlebt und begleitet haben.

Aber es sind auch zwei Freunde, deren Entwicklung wir in den letzten Jahren zunächst mit Verwunderung und dann mit wachsender Faszination beobachtet und verfolgt haben. Doch der Reihe nach:

Was waren das für Menschen, als wir sie vor Jahrzehnten kennen und auch lieben gelernt haben?

Margot – eine liebenswerte, strahlend schöne Frau, eine großartige Gastgeberin und Freundin – ganz der Papa, voll unerschöpflicher Energie und engagiertem Unternehmungsgeist, immer für alle da, die sie brauchen, so auch für uns und unsere Probleme. Ein Mittelpunkt ihrer Familie und ein bewunderter Mittelpunkt im Freundeskreis. Aber auch ein nachdenklicher, suchender Mensch, auf der Suche nach etwas, das mehr bedeutet und gibt, als das oberflächliche Leben in der Münchner Society und in der Münchner Geschäftswelt.

Günter – ein Sunnyboy, Ex-Faschingsprinz, erfolgreicher Gastronom, Wiesnwirt und Geschäftsmann, aber auch ein guter Freund und Kumpel.

Also – ein glanzvolles Ehepaar, mit zwei Kindern, wie man sie sich wünschen kann, einem schönen Heim, gepflegten Oldtimern in der Garage. Und überall gern gesehene Gäste.

So weit die glanzvolle Seite. Doch wie im richtigen, im wahren Leben, wo Licht, da ist auch Schatten. Zum Glück gehört wohl auch die Krise! Und die war heftig! Wir haben sie miterlebt und mitgelitten. Margot wollte nicht mehr. Günter ging in seinem Beruf auf, die Interessen gingen auseinander, jeder lebte mehr sein eigenes Leben.

Nächtelange Diskussionen, abwechselnd mit ihm oder ihr, ein Günter ausquartiert und in der Gästewohnung, niedergedrückt und voll schlechter Laune in unserer wöchentlichen Golfrunde und wo auch immer man ihn traf.

Margot, konsequent fern aller alten Wege – so auch der Golfrunde –, auf der Suche nach dem Ich und dem Sinn des Lebens. Den fand sie auch – im Glauben. Und sie wurde stark, zum Teil erschreckend stark und konsequent. Liebe Menschen haben ihr den Weg zum Glauben gezeigt. Und Günter? Auch er hat schließlich aus Überzeugung diesen Weg gefunden. Was ihm damals wahrscheinlich keiner zugetraut hätte. Und wie wir miterleben durften, der Glaube hat die beiden verändert und wieder zusammengeführt, näher und besser denn je.

Inzwischen sind auch die Kommentare der Leute verstummt, die den Günter von früher her kannten: »Geh, der Günter und der Glauben, des glaubst doch selber net!«

Wir glauben es und wissen es inzwischen aus eigener Erfahrung. Denn mit viel Liebe, Mühe und voll Überzeugung versuchen beide ihre Freunde und damit auch uns, erfolgreich auf den Weg zum Glauben zu bringen. Sie leben es vor und strahlen etwas aus, dem man sich nicht entziehen kann. Und was kann mehr überzeugen als das vorgelebte Beispiel, wie zwei Menschen durch den Glauben zu einem neuen harmonischen, gemeinsamen Leben gefunden haben. Wir armen Halb- oder ganz Unwissenden versuchen derzeit, noch einigermaßen mitzuhalten. So bleibt für uns alle der Weg als Ziel.

Angie Ofenstein (Leiterin des Oktoberfest-Reservierungsbüros)

Kennen tut man sich schon viele Jahre, so wie das in der Münchner Gastro-Szene üblich ist. Ein wenig näher kam man sich aber erst im Januar 2003, als ich meine Freundin Silja in einem ihrer Betriebe unterstützte. Im darauffolgenden April wurde ich von ihr gefragt, ob ich nicht für ihren Papi, wie sie ihren Vater Günter Steinberg liebevoll nennt, arbeiten möchte.

Und seit nunmehr sieben Jahren freue ich mich jeden Tag aufs Neue, in den »Hofbräukeller« zu fahren, um dort für die Steinbergs das Wiesnbüro zu führen.

Inzwischen sind Margot und Günter viel mehr als nur tolle Chefs für mich geworden. Ich schätze die beiden ebenso als liebgewonnene Vertraute, herzliche Freunde, ja fast schon als fürsorgliche Ersatzeltern. Und darüber hinaus auch als Glaubensgeschwister. Denn unser Herr hat in Margot und Günter die besten Fürsprecher gefunden. Wenn einem die Bibel mit so viel Liebe, Herzblut und Gastfreundschaft näher gebracht wird, will und muss das überzeugen. Alles in allem sind die beiden für mich also eine geniale wie einzigartige Mischung – eben Margot und Günter Steinberg.

Aber ganz besonderer Dank gilt den beiden für ihre Tochter – meine beste Freundin Silja.

Eure Angi

Ute und Lutz Kettwig (Seminarleiter Schloss Klaus/Österreich)

Wer dieses Buch in die Hand bekommt, der wird es nicht leicht wieder weglegen, bis er es fertiggelesen hat. Der wird hineingezogen in die Lebens- und Liebesgeschichte zweier Menschen, die einen ungewöhnlichen Weg gegangen, ja, von Gott geführt worden sind.

Die unterschiedlichsten Lebensfäden.

Ist das Buch deswegen so spannend, weil wir Margot und Günter persönlich kennen, sie so sehr schätzen und sie zu Freunden geworden sind?

Vielleicht auch das – aber nicht nur.

Wir glauben, dass an diesem »Wiesn-Krimi« etwas deutlich wird, was uns zutiefst anspricht und fasziniert. Ehrlich und offen wird hier aus dem Leben berichtet, tun wir einen Blick hinter die Kulissen und kommen ins (vielleicht auch ungläubige) Staunen, was beide mit Gott erlebt haben.

Wer sich auf den Gott von Günter und Margot einlässt, wird gleiche Entdeckungen machen – nur ganz andere.

Erstens: Gott ist ein Gott der Begegnungen und Beziehungen. Zumindest hat man diesen Eindruck, wenn Menschen wie von unsichtbarer Hand zueinanderfinden und daraus wie bei einem wundervollen Teppich ein herrliches und einmaliges Muster entsteht. Gott führt Menschen zusammen und verknüpft dadurch die unterschiedlichsten Lebensfäden.

Zweitens: Gott ist ein Gott der zweiten Chance. Auch das wird deutlich. Wie oft oder wie leicht hätte das Leben der beiden einen anderen Kurs nehmen, vielleicht sogar aus dem Ruder geraten können. Aber wir haben einen Gott, der uns unendlich lieb hat und uns nachgeht, bis wir bei ihm ganz zu Hause sein können.

Und drittens: Gott ist ein Gott, der Maßarbeit liebt – im wahrsten Sinne des Wortes. Wenn es im Psalm 23 heißt, dass der Herr der Hirte ist, der die Seinen führt, dann lesen wir auch, dass er zum Wirt wird und uns voll einschenkt. Und das nicht zimperlich. Da ist das (die?) Maß eines Wiesnwirtes nichts dagegen!

So wünschen wir, dass sich durch dieses offene und ehrliche Bekenntnis manche einladen lassen zu dem Gott der Liebe, dem Günter und Margot begegnet sind. Mögen dadurch manche gestärkt, getröstet oder ermutigt werden.

Wir freuen uns jedenfalls, dass auch unser Lebensfaden mit in ihren Lebensteppich eingewoben ist – und umgekehrt!

John Angelina (Pastor im Gospel Life Center, Feldkirchen bei München)

»John, würdest du als Pastor am Freitag vor der Eröffnung des Oktoberfestes mit Margot und mir und mit einigen unserer Mitarbeiter beten?«, werde ich im September 2004 von Günter Steinberg, dem Festwirt vom Hofbräufestzelt gefragt. Da kennen wir uns seit etwa einem Jahr, seit das Ehepaar Steinberg regelmäßig unsere Gottesdienste im Gospel Life Center besucht.

Bibel und Bier – Gebet und Wiesn-Zelt – wie passt das zusammen? Ist das nicht ein Widerspruch? Auf den ersten Blick vielleicht ja, aber nicht, wenn man Günter und Margot Steinberg kennenlernt. Zwei Menschen, die – ganz gleich ob im Gemeindegottesdienst, im Freundeskreis oder in ihren Berufen als Gastwirte – authentisch den Glauben und ihre Lebensaufgabe miteinander vereinen.

Wie ich also, gemeinsam mit meiner Frau Mirjana, am Freitagabend kurz vor 18.00 Uhr das Hofbräufestzelt betrete, schlägt uns der Duft des frischen Hopfens entgegen. Letzte Anweisungen werden noch gegeben an die Musiker, das Sicherheitspersonal, die Küche; alle sind bereit und voller Erwartung, denn morgen geht's los. Doch für Margot und Günter Steinberg, für ihre Familie und einige enge Mitarbeiter ist es an der Zeit, im Gebet »Danke« zu sagen für alles, was bis jetzt erreicht wurde, und Gottes Segen zu erbitten für die Herausforderung der Wiesnzeit.

Sie beten für ihre Mitarbeiter und deren Angehörigen, für ihre Gäste und ganz besonders für Schutz und Bewahrung. Wir sitzen im berühmten »Stüberl« zusammen und jedem ist klar, dass dieses Ehepaar trotz seiner langjährigen Erfahrung in der Gastronomie sein Wollen und Tun bewusst in die Hände Gottes legt: »Befiehl du deine Wege ...«

Für Margot und Günter Steinberg ist der Glaube täglich gelebte Realität und Jesus Christus ist nicht nur am Sonntag, sondern auch in ihrem Alltag der Mittelpunkt.

In den folgenden Jahren habe ich immer wieder erlebt, dass in dieser turbulenten 5. Jahreszeit des Oktoberfestes trotz allem Trubel im Hofbräufestzelt Margot und Günter Steinberg ganz selbstverständlich ein offenes Ohr für Menschen haben und dass sie mit Leib und Seele Beruf und Berufung miteinander verbinden. In ihnen vereint sich das großzügige Herz der Gastronomen, die möchten, dass sich ihre Gäste aus aller Welt wohlfühlen, mit der sensiblen Wahrnehmung zweier Menschen, die Höhen und Tiefen durchschritten haben und aus all diesen Erfahrungen wissen, dass ein erfülltes Leben mehr ist als ein voller Maßkrug.

Kurze Familienchronik

31.10.1913 Maria »Mariele« Fischer erblickt in Nürnberg das Licht der Welt

24.08.1914 Wilhelm »Willy« Steinberg wird in Düsseldorf-Flingern geboren

29.12.1923 Friedrich Jahn kommt in Linz/Oberösterreich zur Welt

13.05.1925 Geburtstag von Hermine Götzenbrugger

01.01.1939 Hochzeit von Wilhelm Steinberg und Maria Fischer in München

16.06.1939 Günter Steinberg, 1. Sohn von Wilhelm und Maria Steinberg, wird in München geboren

27.03.1948 Günter Peitzner, Ehemann von Evelyn Jahn, wird in Düsseldorf geboren

24.10.1948 Hochzeit von Friedrich Jahn und Hermine Götzenbrugger in Garsten, Oberösterreich

24.04.1949 Margot Jahn, 1. Tochter von Friedrich und Hermine Jahn, wird in Garsten, Oberösterreich geboren

01.04.1950 Peter Steinberg, 2. Sohn von Wilhelm und Maria Steinberg, kommt in München zur Welt

05.09.1951 Evelyn »Evi« Jahn, 2. Tochter von Friedrich und Hermine Jahn, wird in Matrei/Tirol geboren

24.10.1959 Silvia Heinz, Ehefrau von Peter Steinberg, kommt in München zur Welt

02.05.1965 Michael »Micha« Schrank, 2. Ehemann von Silja Steinberg, wird in Freiburg im Breisgau geboren

29.01.1968 André Schmidt, 1. Ehemann von Silja Steinberg, kommt in Essen zur Welt

14.05.1970 Günter Steinberg und Margot Jahn heiraten standesamtlich in Zürich

15.05.1970 Es folgt die kirchliche Trauung in Wien in der Hofburgkapelle

25.08.1970 Friedrich »Ricky« Steinberg, Sohn von Günter und Margot Steinberg, wird in Zürich geboren

11.01.1971 Britta Jansen, Ehefrau von Friedrich »Ricky« Steinberg, kommt in Erkelenz zur Welt

17.01.1972 Silja Steinberg, Tochter von Günter und Margot Steinberg, wird in Zürich geboren

24.10.1974 Evelyn »Evi« Jahn heiratet den Hotelkaufmann Günter Peitzner

11.04.1975 Daniel »Danny« Peitzner, 1. Sohn von Evelyn und Günter Peitzner, wird geboren

22.10.1977 Yves »Yvo« Peitzner, 2. Sohn von Evelyn und Günter Peitzner, wird geboren

15.05.1986 Peter Steinberg und Silvia Heinz heiraten in München

08.08.1987 Maria »Mariele« Steinberg, Mutter von Günter und Peter, Ehefrau von Wilhelm »Willy« Steinberg, stirbt in München an einem Krebsleiden

29.07.1995 Silja Steinberg heiratet den Hotelkaufmann André Schmidt. Die Ehe bleibt kinderlos, wird 1999 geschieden.

24.10.1998 Friedrich und Hermine Jahn feiern in der Münchner St. Anna Kirche Goldene Hochzeit

15.12.1998 Friedrich Jahn, Vater von Margot Steinberg und Evelyn Peitzner, Ehemann von Hermine Jahn, stirbt in München an den Folgen von Altersleukämie

12.06.1999 Friedrich »Ricky« Steinberg heiratet Britta Jansen in München. Kinder: Johanna *30.04.2000, Theresa *24.09.2002, Leonhard *22.06.2007

02.12.1999 Silja Steinberg heiratet in 2. Ehe Michael »Micha« Schrank. Kinder: Niclas *23.09.2001, Lilly *15.07.2005

13.12.2001 Hermine Jahn, geb. Götzenbrugger, Mutter von Margot Steinberg und Evelyn Peitzner, Witwe von Friedrich Jahn, stirbt in München an den Folgen eines Schlaganfalls

15.12.2009 Wilhelm »Willy« Steinberg, Vater von Günter und Peter Steinberg, stirbt 95-jährig in München

Glossar

auf der Adabei – jemand, der überall dabei sein muss, einfach um gesehen zu werden

Brennsuppen daherschwimmen – von etwas keine Ahnung haben

aufg'spielt – aufgespielt

Brez'n – Brezel

Brez'nbröckerln – Brezelkrümel

Damischen Ritter – Münchner Faschingsverein

Derblecken – das kritische Spiegel-Vorhalten gegenüber Personen des öffentlichen Lebens

Einschicht – österreichisch für einsame Gegend, Landschaft

Erdäpfelsalat – Kartoffelsalat

g'standen – gestanden, etwas darstellt (»g'standenes Mannsbild«)

Grantler – jemand, der grantig ist

Hendlhaxl – Hähnchenschlegel, Hähnchenkeule

Herrgottswinkel – Gebetsecke mit Kruzifix, Süddeutschland, Österreich, Südtirol

Hirschen – 200-Liter-Holzfass

Kasten – österreichisch für Schrank, Kleiderschrank

k.u.k. Monarchie – kaiserlich und königliche Monarchie, Österreichisch-Ungarische Monarchie (1867–1918)

Maß – 1l-Bierkrug

Wirtebox – Zeltbereich, der den Stammgästen der Festwirte zur Verfügung steht

Watschn – Ohrfeige

Anmerkungen

1   in: Anne Morrow Lindbergh, Muscheln in meiner Hand,
    © 1955, 1990 Piper Verlag GmbH, München.

2   Peter Haage (Hg.), Egon Friedells Konversationslexikon,
    Diogenes, Zürich 1974.

3   Penzing ist der 14. Bezirk von Wien, im Westen gelegen in
    der Nähe von Schloss Schönbrunn. Das Penzinger Kir-
    cherl sieht der Wien-Besucher vom Zug aus, wenn er kurz
    vor der Einfahrt in den Wiener Westbahnhof auf der rech-
    ten Zugseite aus dem Fenster blickt.

4   Paul Gehlen, in: »Mer spreche platt« – Heft 51, Seite 29,
    Ausgabe Juli – September 1993, vom »Mundartfreunde
    Düsseldorf e. V.«. Die Übersetzung ins Hochdeutsche
    kann bei uns nachgefragt werden.

Peter A. Machac

Der beliebte Moderator des Bayerischen Rundfunks – die Gute-Nacht-Stimme der »Traummelodien« und »Gute Nacht, Freunde« – wurde in Wien geboren. Nach humanistischem Abitur und Schauspielausbildung bei Burgschauspieler Prof. Helmut Kraus folgten zahlreiche Theaterengagements in Wien und München, sowie Film- und Fernsehrollen.

11 Jahre lang prägte er als »Kinderonkel« im Österreichischen Fernsehen die Jugendsendungen und war vielseitiger Moderator des populären Radioprogramms Ö 3.

1971 wechselte er als Moderator und Programmgestalter zum Bayerischen Rundfunk in München, zunächst bei B 3, dann bei Bayern 1 und Bayern 2, sowie als langjähriger Jazz- & Musikredakteur des BR und Moderatorentrainer für Funk und Fernsehen.

Außerdem ständiger Mitarbeiter mit eigenen Sendungen bei anderen ARD-Anstalten und bei der RAI-Bozen. Nebenbei betätigt er sich als Autor von Theaterstücken (»Gauner, Clowns und bunte Scheine« etc.), von Sketch-Serien u. a.

Er wird gern als Moderator zahlreicher Großveranstaltungen engagiert wie »Presseball«, »Neujahrs- und Herbstkonzerte der AWO«, »Salzburger Festspielball«, auf der Hannover Weltausstellung, sowie in London, Shanghai usw.

Peter Machac lebt in München und ist mit der bekannten Theater-, Fernseh- und Filmschauspielerin Monika Strauch verheiratet.

Gemeinsam präsentieren sie Bühnenprogramme mit Lesungen, gespielten Einaktern, Szenen und Sketchen vornehmlich von namhaften Autoren der Kaffeehausliteratur des 20. Jahrhunderts.